GÜTERSLOHER
VERLAGSHAUS

Dr. Burkhard Voß, geboren 1963, studierte von 1985 bis 1991 Medizin in Münster, anschließend folgte die Ausbildung zum Facharzt für Neurologie und Psychiatrie. Von 2001 bis 2004 leitete Burkhard Voß den sozialpsychiatrischen Dienst der Stadt Krefeld. Nach dem Erhalt der Zusatzbezeichnung Psychotherapie arbeitet er seit 2005 in eigener Praxis als Arzt für Neurologie, Psychiatrie und Psychotherapie in Krefeld.

Burkhard Voß

Kleines Lexikon psychologischer Irrtümer

Von Abhängigkeit bis Zwangsneurose

Mit Cartoons von Volker Kischkel

Gütersloher Verlagshaus

Bibliografische Information der Deutschen Nationalbibliothek

Die Deutsche Nationalbibliothek verzeichnet diese Publikation in der Deutschen Nationalbibliografie; detaillierte bibliografische Daten sind im Internet über http://dnb.d-nb.de abrufbar.

FSC
www.fsc.org
FSC® C017859
The mark of responsible forestry

Verlagsgruppe Random House FSC-DEU-0100
Das für dieses Buch verwendete FSC-zertifizierte Papier *EOS* liefert Salzer Papier, St. Pölten, Austria.

1. Auflage

Druck und Einband: CPI Moravia Books, Korneuburg
Printed in Czech Republic
ISBN 978-3-579-06577-9

www.gtvh.de

Inhalt

… Worte wie ein Offenbarungswort untersuchen und von der Deutung das eigene Lebensglück abhängig machen. Nichts kann verfehlter sein …

Franz Kafka

Vorwort

Psychische Erkrankungen sollen laut Weltgesundheitsorganisation (WHO) in den nächsten Jahrzehnten dramatisch zunehmen. Stimmt das wirklich? Schauen wir uns doch zunächst einmal die Definition von Gesundheit durch die WHO an: »Gesundheit ist ein Zustand vollkommenen körperlichen, geistigen und sozialen Wohlbefindens und nicht allein das Fehlen von Krankheit und Gebrechen.« Eine solch utopische Definition lässt gerade den Vorrat an den weniger objektivierbaren psychischen Erkrankungen ins Gigantische anwachsen. Und psychische Erkrankungen sind mehr als organische immer im gesellschaftlichen und kulturellen Kontext zu sehen. So gehören Angsterkrankungen in Deutschland mittlerweile zum guten Ton, während sie in Italien kaum verbreitet sind. Mindestens 50 % aller Krankschreibungen hinsichtlich psychischer Erkrankungen halten einer kritischen Überprüfung nicht stand und 80 % der Diagnosen einer posttraumatischen Belastungsstörung sind schlichtweg falsch. Unsere Gegenwartskultur ist maßgeblich geprägt vom philosophischen Konzept der Postmoderne. Dieses nebulöse Zeitgeistphänomen räumt subjektiven Sichtweisen und Interessen letztlich den Vorrang vor Fakten und Beweisen ein. Bei kritischer Betrachtung löst sich das Konzept jedoch als eleganter Unsinn auf. Gegenwärtig kann jedoch davon nicht die Rede sein. Im Gegenteil, es besteht eine deutliche Tendenz darin, das Gewöhnliche und Banale so mit Bedeutung aufzupumpen, dass alle Aspekte des Alltäglichen von enormer Wichtigkeit geworden sind. Und mit der Psychoanalyse können alle widersprüchlichen seelischen Regungen als Neurose klassifiziert werden. Die Tyrannei der Banalität kann beginnen.

Wenn ich kritisch genug hinterfragt habe, was mein innerstes Selbst tatsächlich will, was ich dringend und was ich weniger dringend benötige, und wenn ich hierüber mit meinem Gegenüber in Kommunikation treten kann, dann kann sich durchaus eine Gelegenheit ergeben, wo über die wirklichen Probleme gesprochen werden kann, um eine bewusstseinsnähere Kultur zu ermöglichen.

Durch dieses spezifische Vokabular wird eine Reflexivität ermöglicht, die Endlosschleifen von unbefriedigten Bedürfnissen erzeugt.

Wie krank muss eine Gesellschaft sein, die es zulässt, dass Probleme nur so formuliert werden, dass Psychologen sie lösen können?

Es existieren derzeit mindestens 2.500 Persönlichkeitstests, an denen eine milliardenschwere Industrie hängt.

Auf der anderen Seite wird die Hirnforschung in den nächsten Jahren in der Lage sein, für jedes Verhalten eine zelluläre bzw. molekulare Grundlage zu finden, natürlich inklusive psychopharmakologischer Beeinflussung.

Für die Hersteller von Psychopharmaka ist die breite Masse der Bürger ein riesiger Markt, stellen die psychischen »Erkrankungen« gleichsam eine schlummernde Goldreserve dar. Und dank geschickter Veröffentlichungen ist aus der normalen Schüchternheit ein klinisches Leiden geworden, welches nun

»soziale Phobie« heißt. Das hiergegen angeblich wirksame Antidepressivum Paroxetin kann nun Millionen unter Schüchternheit leidenden Menschen verschrieben werden.

Doch was Therapiebedürftigkeit ist, bestimmen nicht nur Pharmakonzerne und Psychologen, sondern in zunehmendem Maße jeder, der sich mit Psychoratgebern befasst. Er kann sich aus dem Internet das Entsprechende zurechtlesen und -legen. Es werden sich therapeutische Subkulturen entwickeln. Ein Fass ohne Boden hat begonnen sich zu öffnen. Daran wird auch dieses Buch nichts ändern. Aber es ist mir ein Vergnügen, dem Zeitgeist einmal so richtig die Ohren lang zu ziehen! Der Stil ist bewusst sarkastisch bis polemisch. In einer Zeit, in der Behinderung für manche Intellektuelle eine Stigmatisierung darstellt und durch die Bezeichnung *Menschen mit besonderen Eigenschaften* ersetzt werden sollte, in der in den USA die Idee aufkam, kleinwüchsige Menschen als »vertically changed people« zu bezeichnen, um sie ja nicht zu stigmatisieren, reicht ein einfacher Klartext meines Erachtens nicht aus. Hier muss der Kontrapunkt zur allumgreifenden Nivellierung und Egalisierung schon wesentlich deutlicher ausfallen.

Die Durchpsychologisierung der Gesellschaft hat den Menschen nicht gutgetan. Denn die meisten sozialen Konflikte und Gespräche sind in einer komplizierten Welt noch komplizierter geworden.

Dr. Burkhard Voß
Krefeld, im Herbst 2011

Abhängigkeit

Abhängigkeit rein negativ zu sehen, wäre verkehrt. Wir alle sind abhängig von Luft, Liebe, Räuschen und Ritualen. Doch die verhängnisvollsten Abhängigkeiten sind nicht die von Alkohol, Nikotin oder anderen Genussmitteln, sondern die sich schleichend entwickelnde Abhängigkeit von Therapeuten oder professionellen Beratern, ohne die die meisten Menschen zu einer eigenen Entscheidung kaum noch fähig sind.

Abstinenz

Langweiliger therapeutischer Ratschlag von humorlosen und staubtrockenen Vertretern der psychotherapeutischen Zunft, die schon in Kindheit und Jugend als nörgelnde Spielverderber auffielen.

Achtsamkeit

Die Therapeuten, die bei Hempels unterm Sofa aufgewachsen sind, besuchen nach dem Studium Kurse über Achtsamkeit und Empathie. Damit können sie ihre Patientinnen achtsam zur Couch führen, um dann gemeinsam fürsorgevoll und empathisch zu entspannen.

Agrammatismus

Ausdruck einer formalen Denkstörung in der Gruppe der Schizophrenien. Rein formal betrachtet. In Zeiten der Nivellierung und Egalisierung durchaus normale Kommunikationskultur in der sprachlichen Verarmung. Ein wesentlicher Baustein hierfür scheint mir die Rechtschreibreform zu sein, die nichts anderes war als eine Prostituierung mit der Mittelmäßigkeit.

Alkoholismus

Alkoholkonsum wird heute eingeteilt in moderaten, überdurchschnittlichen, riskanten und Hochkonsum. Wie spannend! Die Realität spricht eine andere Sprache. Goethe trank bis zu drei Liter Rotwein pro Abend, und sogenannten Suchtmedizinern fällt nichts Besseres ein, als die schillerndsten Gestalten der Geschichte wie Winston

Churchill, Humphrey Bogart oder Edith Piaf (die Liste ließe sich beliebig fortsetzen) zu Alkoholikern abzustempeln. Die inspirierendsten Werke der Weltliteratur wären ohne den Einfluss von Alkohol wahrscheinlich gar nicht erst entstanden.

Alternative Psychiatrie

Steigerung der schon bestehenden Begriffsverwirrung in der psychiatrischen Disziplin. Intellektuell auf dem Niveau von Schamanismus, Knochen-in-die-Luft-Werfen und Kaffeesatzlesen. Verursacht mehr Neuerkrankungen als Heilungen, was wiederum der schulmedizinischen Psychiatrie zugutekommt.

Ambivalenz

Der Luxus vieler Menschen, nicht zu wissen, was man eigentlich möchte. Wird es dann doch einmal gewusst, kann ohne ein reflektierendes, supervidierendes und natürlich empathisch-therapeutisches Gesprächssetting keine eigene Entscheidung getroffen werden. Ambivalenz ist der Motor der Beratungsindustrie, die in schulmedizinischer Verkleidung als Psychotherapie erstrahlt. Die an sie gestellten Erwartungen erfüllen sich so gut wie nie.

Anamnese, biografische

Hinsichtlich der Kausalität reichlich überbewertete Befragung des Patienten nach seiner Lebensgeschichte. Die Theorien der psycho-mythologischen Mottenkiste können hierbei gut angewendet werden, und Psychotraumatologen bekommen mit dem Patienten die einmalige Chance, das unverarbeitete Trauma zu bewältigen, wie einem Vierjährigen der Schnuller weggerissen wurde.

Anxious discomfortable

Übersetzt: Angst vor ungewohnten Anstrengungen. Früher nannte man das Faulheit. Altkanzler Gerhard Schröder (Sie wissen schon: der joviale Kumpeltyp im Nadelstreifenanzug, der schon mal im Vorbeigehen ganze Berufsgruppen verunglimpfte durch Bemerkungen wie »Lehrer, sind wir doch mal ehrlich, sind doch alles faule Säcke«, dann aber auch mal wieder die deutsche Volksseele erwärmen konnte mit Sprüchen wie »Gib mir mal ne Pulle Bier, sonst streik ich hier«) verstieg sich gar zu der Aussage: »Es gibt kein Recht auf Faulheit.« Und das als Sozi! Von wegen. Das Recht auf Faulheit ist nun auch medizinisch-psychotherapeutisch abgesegnet als anxious discomfortable.

Anfall, hysterischer

Der Situation nicht angemessenes, völlig unkontrolliertes und enthemmtes Verhalten in Form von Toben, Schreien, Grimassieren, etc.

Jenseits des klinischen Alltags häufig zu beobachtendes Phänomen in Talk-Shows oder des neudeutschen Betroffenheits-Journalismus.

Angsterkrankungen

Jenseits des neurobiologischen Dogmas die logische Konsequenz einer zunehmenden Absicherungs- und Risikovermeidungsgesellschaft. Wie die meisten psychischen Erkrankungen sind auch Angsterkrankungen Kulturkrankheiten. Es sind die direkten Folgen einer Gesellschaft, die ihr Heil in persönlicher Absicherung, Gesundheit und Erfolg festgeschrieben hat.

Anpassungsstörung

Sie sind freundlich, engagiert und können sich rasch auf neue Situationen einstellen?

Ja, dann kann man bei Ihnen ja noch nicht einmal eine Anpassungsstörung diagnostizieren! Ein Zustand mit subjektivem Leid und emotionalen Schwierigkeiten nach einem entscheidenden Lebensereignis, was immer das auch sein mag.

Anstalt, geschlossene

Gar nicht so geschlossen, wie man glaubt. Entlassungen und Verlegungen sind durchaus an der Tagesordnung. Psychisch weit auffälligeres Verhalten findet man regelmäßig in den offenen Anstalten der Gesellschaft. Die größte öffentlich-psychiatrische Anstalt ist wohl die Autobahn, wo die Lichthupe zum neuen deutschen Gruß geworden ist. Keine Fälschungen, sondern ganz echte Idioten bekommt man regelmäßig bei »Deutschland sucht den Superstar« oder »Dschungelcamp« serviert.

Anti-Aging

Medizinische Methoden, welche die Verlangsamung von Alterungsprozessen zum Ziel haben. Das athletischste und glattpolierteste Schweinchen, das im gegenwärtigen Medizinzirkus von der Leine gelassen wurde. Mittlerweile ist es schon zu einem goldenen Ferkelchen avanciert. Zumindest in finanzieller Hinsicht hofft so mancher Doktor Raffzahn auf einen Vergoldungseffekt für seine Praxis.

Antidepressiva

Auch »happy pills« genannt. Grundnahrungsmittel der US-amerikanischen Bevölkerung. Aufgrund der überwiegend verdrießlichen Stimmung bei uns befindet sich der Zusatz von Antidepressiva zum Leitungswasser derzeit in Planung.

Arbeitspsychologie

Die schön-gesehene Form der Arbeitsverweigerung in wissenschaftlichem Gewand. Braucht eigentlich kein Mensch. Nur Psychologen, die um ihren Arbeitsplatz besorgt sind. Deshalb haben sie auch gleich eine Industrie daraus gemacht. Die nennt man Beratungsindustrie. Zum Beraten fühlen sich die berufen, die die schlechtesten Macher sind. Macht aber auch nichts, denn mit Arbeitsverweigerern lässt sich auf Augenhöhe am kreativsten kommunizieren.

Astrologe

Dem Therapeuten, der sich in einem Rebirthing-Workshop im Tierkreiszeichen Warzenschwein mit Aszendent Erdferkel erlebt, wird rückwirkend die Approbation aberkannt, und er wird als Astrologe outgecourced.

Aufarbeiten

In der therapiesüchtigen Gesellschaft mehrfach stündlich benutzte und heißgeliebte Vokabel. Nur zu dumm, dass der Mensch das postmoderne Aufarbeiten (was immer das auch heißen mag) mit Auslöschen von erlittenen – bzw. vermeintlich erlittenen – Schicksalsschlägen verwechselt. Aber diesen kleinen semantischen Fehltritt kann er ja mit seinem Therapeuten besprechen. Oder mit dem Gewalt-Krisen-Trauma-Coach.

Ayurveda

Die alt-indische »Wissenschaft des Lebens« aus dem 16. Jahrhundert scheint die spirituelle Erlösung der westlich technokratischen Medizin zu sein. Energien, Temperamente, harmonische Gleichgewichte, astrologische Horoskope, Ölmassagen – nach einer Heilslehre aus diesem Gebräu sehnt sich die faustische Psyche der Germanen. Enttäuscht von lieblosen Laborwerten und kalten anonymen Kernspin-Tomografen lässt man sich lieber warmes Öl auf die Stirn gießen, damit die ausgebrannten Hirnzellen darunter auch noch für die nebulösesten Botschaften empfänglich werden. Das Ganze garniert mit ein wenig Weihrauch, einer Messerspitze Hindu und einem Teelöffel Hare Krishna, und die gebeutelten Seelen des teuflisch-kapitalistischen Systems werden zumindest in ihrer esoterischen Abgeschiedenheit zur Erleuchtung gelangen. Wer in diese Sphären abgedriftet ist, braucht auch nicht mehr zu realisieren, dass Ayurveda der Exportschlager der indischen Medizinindustrie ist.

- Rhavi Khali Kutta -
Der Erfinder der TrennKost

Bedeutungserleben, wahnhaftes

Einer tatsächlichen Wahrnehmung wird eine abnorme, nicht mehr nachvollziehbare Bedeutung zugeordnet. Was die Staublunge für den Bergmann, ist demnächst das wahnhafte Bedeutungserleben für den Psychotherapeuten: eine anerkannte Berufskrankheit. Die Jünger des psychologisierenden Zeitalters nehmen auch noch den letzten bizarren Schrott für bare Münze, z. B. dass Jack Nickolson 9.000 Kinder gezeugt haben könnte. Das dies schlichtweg ein Scherz war, um die umstehenden Journalisten zu belustigen, führt rasch zur Überforderung theorielastiger Flachköpfe, die stattdessen männliches Imponiergehabe und Leistungsnachweise hineininterpretieren.

Bedürfnisse

Müssen streng unterteilt werden in ihre Bedürfnisse und seine Bedürfnisse. Seine Bedürfnisse? Gibt es sie überhaupt noch? Ganz sicher. Befriedigt werden sie nun in Kreißsälen und im Erziehungsjahr. Oder in Urschrei- und Männergruppen, wo das feministisch dressierte Mann-Sein sich mal so richtig ausheulen darf. Womit wir bei ihren Bedürfnissen sind. Diese oszillieren seit Anfang 2008 irgendwo zwischen Feuchtgebieten und Karriere. Beides lässt sich aber auch hervorragend kombinieren, wenigstens in finanzieller Hinsicht. Charlotte Roche (»Feuchtgebiete«) hat es bewiesen. Falls sie dann zwischen 40 und 50 in die Sinnkrise kommen sollte, bleibt immer noch der Gang zu einer tiefenpsychologischen Interpretationsartistin, um sich dort mit Psycho-Bla-Bla akustisch zukleistern zu lassen.

Benzodiazepin-Abhängigkeit

Tablettensucht nach Benzodiazepinen, also Psychopharmaka, die zur Linderung von Angst- und Unruhezuständen eingesetzt werden. Eine geniale Erfindung der Pharmaindustrie, die Medikamente produziert, die ein sozial nahezu gebilligtes Abhängigkeitsverhalten auf Jahrzehnte hinaus zementieren und Milliardengewinne garantieren.

Beratung, institutionalisierte und professionalisierte

Gut gemeinte, seit Jahrzehnten sich flächendeckend ausbreitende kommunikative Hilfestellung, selbstverständlich achtsamkeitsorientiert und akzeptanzbasiert, multidimensional, ressourcenstärkend, geschlechtsspezifisch und in kontinuierliche Supervisionen eingebettet, die letztlich zu einer schleichend zunehmenden Entmündigung und Hilflosigkeit des Individuums führt. Nach so viel professioneller Beratung ist manchmal keine Beratung die beste Beratung.

Beratungsstörung

Störung hier, Störung dort. Wer oder was ist heute eigentlich nicht gestört? Und wann wird endlich die Selbsthilfegruppe für Normalbürger beim Europäischen Gerichtshof eingeklagt? Was heute die arbeitsplatzbezogene Störung ist, ist morgen die Beratungsstörung. Denn ein weiterer Risikofaktor für psychische Erkrankungen ist schon ausgemacht worden: Psychotherapie.

Betreuungsgesetz

Da in einem Selbstkonzept der postmodernen Gesellschaft Zufälle oder Schicksale gnadenlos ausgemerzt werden sollen, wurden von Juristen im kollektiven Regelungsdelir der totalen Absicherung des Individuums das Betreuungsgesetz für psychisch Kranke kreiert. Es sichert die Arbeitsplätze in der Justiz und in der Begutachtungsindustrie auf Jahrzehnte hinaus.

Übrigens: Wenn Sie einen unkomplizierten und pragmatischen Ratschlag brauchen, dürfen Sie zwei Berufsgruppen niemals fragen: Juristen und Psychotherapeuten.

Betreuung, psychologische

Ohne die geht nichts mehr. Wird gnadenlos und ungefragt flächendeckend praktiziert, von der Wiege bis zur Bahre. Beginnt mit dem Geburtstraumatologen im Kreißsaal für die überforderte Mutter und den noch überforderteren Vater und endet mit dem Trauertherapeuten nach dem Tod der Eltern. Betreuung muss dabei sein, ob sinnvoll oder nicht. Psychologische Betreuung – zur Zaubervokabel stilisiert, hat sie nur faulen Zauber produziert. Aber egal. Das Grundbedürfnis nach dieser speziellen Betreuung kommt demnächst ins Grundgesetz und kann eingeklagt werden. Auch wenn in unserer durchpsychologisierten Gesellschaft alles schon ziemlich kompliziert ist – wir machen es noch komplizierter, das kriegen wir schon hin. Und damit basta.

Betriebspsychiater

Was in den USA recht ist, ist in Europa billig. Wie zukünftig in keinem Haushalt ein Allgemeinmediziner, ein Psychologe, ein Ernährungsberater, ein Entspannungspädagoge sowie ein Jurist fehlen darf, so stellt denn auch der Betriebspsychiater (gibt's tatsächlich!) in der Wirtschaft der Zukunft eine sinnvolle Ergänzung dar. Mit systemisch reflektierend ausbalanciertem Feingefühl schleicht er durch die Büros und kann Zickenkriege, Sandkastenspielchen oder gar Mobbing schon im Vorfeld erkennen. Auch kann er Mitarbeitern beratend zur Seite stehen, deren Psychologe zuhause nichts taugt. Auch das gehobene Management erfreut sich an dem neuen Kollegen aus der Medizin. Schließlich ist er auch noch in einer Weiterbildung zum Traumatherapeuten und Krisenmanager, so dass zukünftige Massenentlassungen ohne den üblichen hysterischen Aufschrei abgewickelt werden können.

Biologische Psychiatrie

Im Trunkenheitszustand des ausufernden Rationalismus entstandene Paranoia, jeder psychischen Regung eine zelluläre oder besser noch molekulare Aktivität zuordnen zu müssen. Doch erst wenn der letzte Neurotransmitter molekulargenetisch entschlüsselt, der letzte Fantasiegedanke einem ereigniskorreliertem Potenzial zugeschrieben und die Kunst der Biometrie geopfert wurde, wird auch der biologische Psychiater merken, dass sein hektischer Aktivismus die eigentlichen Probleme nicht berührt.

Biologische Uhr

Sie tickt heute deutlich länger. Kindeswunsch mit 80 Jahren? No problem, anything goes! Auch wenn das verkorkste Ich seine noch so grotesken Bedürfnisse formulieren darf. Und mit dem marktgängigen kosmetischen Chirurgen gelingt auch noch der gemeinsame Kindergartenbesuch.

Spätes Mutterglück

Bipolare Erkrankung

Hat mit Nord- und Südpol ebenso wenig zu tun wie mit Plus und Minus. Vielmehr sind krankheitsbedingte Gefühlsschwankungen zwischen Depression und Euphorie gemeint.

Aber Vorsicht: Die Deutungshohepriester des psychiatrisch-industriellen Komplexes arbeiten schon jetzt fieberhaft an einer Ausweitung der Krankheitsdefinition in normalpsychologische Bereiche hinein. Also lassen Sie sich Ihre spontane Heiterkeit bloß nicht als bipolare Erkrankung deuten.

Borderline

Emotionale Instabilität, impulsive Handlung, Neigung zu intensiven, aber unbeständigen Beziehungen sowie selbstbeschädigendes Verhalten sind wesentliche Kriterien dieser Persönlichkeitsstörung. In den 70er-Jahren kreierter Begriff orientierungsloser Psychiater, die in ihrer komplizierten Art zu denken lieber eine neue Krankheit erschaffen als das Wesentliche zu erkennen. Denn die Borderline-Persönlichkeitsstörung ist, ähnlich wie die multiple Persönlichkeit, eine speziell kulturgeformte Variante der hysterischen Persönlichkeit. Die Diagnose Borderline wird exponentiell häufig gestellt, und es scheint manchmal so zu sein, dass in diese Diagnose quasi alles hineingezwängt wird, was nicht 100%ig mit anderen Erkrankungen übereinstimmt.

Exkurs

Borderline oder die neue Wohlfühldiagnose

Mag sein, dass beim letzten Wort der Vorwurf des blanken Zynismus laut wird. Realismus wäre jedoch angemessener. Vom Zynismus zum Realismus ist es eben nur ein kleiner Schritt. Nicht überall, wo Borderline draufsteht, ist auch die Borderline-Erkrankung drin.

Neulich sagte eine junge Patientin lächelnd: »Ich leide unter Borderline, und in dieser Diagnose fühle ich mich wohl!«

Einen solchen Satz hört man nicht von schwerstkranken Patienten. Eher von Pseudopatienten. Diese sind nächtelang im Internet und haben sich das ihnen Entsprechende und Passende zurechtgelesen und -gelegt. Beispielsweise aus der ICD-10 (Internationale Klassifikation für psychische Erkrankungen) die Symptome, »… Impulse auszuagieren ohne Berücksichtigung von Konsequenzen und wechselnder, launenhafter Stimmung. Die Fähigkeit, vorauszuplanen, ist gering und Ausbrüche intensiven Ärgers können zu oft gewalttätigem und explosivem Verhalten führen …« Hört sich doch gut an. Die totale Befreiung für den Rest des Lebens. Verantwortung für andere und das eigene Leben? Klingt irgendwie spießig. Dann doch lieber Borderline. Wenn man dann in den Tag hineinleben darf, kann man sich wirklich mit dieser Diagnose wohlfühlen. Das Leben ist ein Selbstbedienungsladen. Die ärztliche Lizenz macht's möglich.

Und die gebetsmühlenartige Präsenz von Trauma und Trauma-Folgestörungen (die Phraseologie des traumatisierten Seins ließe sich beliebig fortsetzen) in den Medien weckt Empfindlichkeiten und schließlich auch Begehrlichkeiten, die kein Gesundheitssystem je auffangen kann.

So werden sich dann auch die Aufgaben des Psychiaters wandeln. Musste er früher seine Patienten von einer psychischen oder zumindest psychosomatischen Erkrankung überzeugen, so wird er in den nächsten Jahren des Mangels immer mehr »Patienten« überzeugen, dass sie die Diagnose oder Störung eben nicht haben, dass diese und jene Beschwerden zum Leben dazugehören und dass das Internet eben nicht der Stein der Weisen ist.

Bore-out

Sie meinen spontan, es handele sich um einen schlichten Schreibfehler, und ich meinte Burn-out? Weit gefehlt. Tatsächlich handelt es sich bei »Bore-out« um das Neueste aus der Kinderkrippe der psychologischen Empfindlichkeit- und Attitüdenforschung. Das genaue Gegenstück zum Burn-out. Während Burn-out die überengagierten Mitarbeiter betrifft, entwickeln die Faulen und Inkompetenten ein Bore-out. Sie können nicht entlassen werden, und man platziert sie auf ein Abstellgleis, wo sie keinen Schaden anrichten können. Sie selbst langweilen sich dort, zwar nicht zu Tode, aber immerhin so, dass der rettende

Krankenstand erreicht wird. Schon wird die neue Arbeitswelt als die ideale Brutstätte für psychische Erkrankungen ausgemacht. Wobei sie andererseits Arbeitsplätze schafft, und zwar für Therapeuten. Da gibt es nichts kleinzureden. Es gibt sie schon, die Bore-out-Therapeuten und darauf spezialisierte Kliniken. Aber vielleicht sollte man sich bei dieser Gelegenheit daran erinnern, dass es sich bei einem Arbeitsplatz nicht um einen Therapieplatz handelt.

Burn-out

Die Erschöpfungsdepression des beginnenden 21. Jahrhunderts. Griffig, ja fast lautmalerisch formuliert, wird diese Vokabel mittlerweile von jedem zweiten Arbeitnehmer fast hymnisch wiedergegeben. Mit einer Symptomatik, die nach der Berentung komplett verschwindet. Toll!

1940 formulierte der Nobelpreisträger Wagner-Jauregg (übrigens der einzige Psychiater, der jemals den Nobelpreis in Medizin erhielt) den Satz: Je schlechter der Neurologe, umso häufiger die Diagnose Multiple Sklerose. Je schlechter der Psychiater, umso häufiger die Diagnose Schizophrenie.

Wie in der heutigen Zeit der Satz für die Neurologie hieße, bin ich mir nicht sicher. Gegenwärtig ist aber ganz sicher: Je schlechter der Psychiater, umso häufiger die Diagnose Burn-out.

Chirurgie, kosmetische

Das schärfste Skalpell der wunscherfüllenden Medizin im windmühlenartigen Kampf gegen die Vergänglichkeit. Sollten Sie jedoch nach dem Lifting im Spiegel das Gesicht von Günter Verheugen erblicken, dann ist Ihr Wunschgesicht zumindest leicht verzerrt worden. Stattdessen können Sie nun bis an Ihr Lebensende in der Geisterbahn auftreten. Auch eine Form der Altersvorsorge, moderne Zeiten erfordern schließlich Flexibilität, nicht nur plastische Chirurgie.

Chronic-Fatigue-Syndrom (CFS)

Eine virale Erkrankung des zentralen Nervensystems mit dem Leitsymptom einer chronischen Müdigkeit, das wahrscheinlich die Neurasthenie der 90er -Jahre darstellt, ähnlich wie die multiple Persönlichkeit die Neuerscheinungsform der Hysterie. An einem Chronic-Fatigue-Syndrom zu leiden, klingt weitaus interessanter und auch mehr Mitleid provozierend, als primär nicht so belastbar und ausdauernd zu sein.

Cinderella-Komplex

Die Angst der Frauen vor der Unabhängigkeit. Abhängig ist Cinderella. Gleichzeitig ist sie schön und hat ihren Mister Perfect gefunden. Aber muss Unabhängigkeit unbedingt sein? Ist die Freiheit für nahezu alle Menschen nicht eine glatte Überforderung? Und ist die gnadenlose Selbstverwirklichung tatsächlich die Krönung des Daseins?

Unabhängiges Frauendasein heißt heute: Dementen Vater versorgen, demente Mutter versorgen, Kinder zur Schule fahren und wieder abholen, Gespräche mit Lehrer und Nachhilfelehrer, diverse Arztbesuche, zwischendurch den Job meistern, 137 e-mails beantworten, immer freundlich lächeln, Kaffee für den Chef kochen. Abends Gespräche führen mit dem Anwalt über Streit um das Sorgerecht für die lieben Kleinen, Streit mit neuem Lebensgefährten über dessen pubertierende Tochter. 18 Stunden Arbeit täglich. Mit 45 reif für Psychopillen und Klapse.

Was sagte noch mal Voltaire, der große Philosoph der Aufklärung? Gott hat uns in die Welt gesetzt, damit wir uns amüsieren. Alles übrige ist platt und scheußlich und erbärmlich.

Es gibt nicht nur den Cinderella-Komplex. Es gibt auch die Cinderella-Lösung.

Clowns in psychiatrischen Kliniken

Was in den USA schon gang und gäbe ist, befindet sich hierzulande noch im Modellversuch. Hier gilt es aufzuholen. In der Mimosen- und Attitüdenkultur müssen auch die esoterischen Anteile vieler Persönlichkeiten behutsam angesprochen werden. In der psychotherapeutischen Klinik von morgen sollte auch der Schamane und Voodoozauberer seinen festen Platz bekommen. Und wenn nicht, werden sich wohl genügend Fachanwälte für Patientenrechte finden, um dieses bei Gericht einzuklagen. Wie bescheuert sind wir eigentlich?

Coaching, systemisches

Beratung zu Fragen, die überwiegend im beruflichen Kontext stehen, mit dem Ziel einer Problemlösung durch den Klienten. Ist so etwas wie systematisches Training für das Nachplappern sinnentleerter Worthülsen. Dass alles mit allem irgendwie zusammenhängt und die Welt einem ständigen Wandel unterworfen ist, wissen die Menschen nicht erst seit Heraklit oder seit den Anfängen des Zen-Buddhismus. Aber das Rad muss ständig neu erfunden werden – das ist die eigentliche Botschaft des systemischen Coachings.

Darmsanierung

Alternativmedizinische Methode, um im Darm befindliche Schadstoffe durch mehrfache Darmspülungen zu entfernen. Alle Krankheiten gehen vom Darm aus. Und ein paar verwirrte, naturheilkundliche Existenzen glauben das tatsächlich. So bieten sie denn auch die Lösung an, ein paar (und es werden immer mehr) ökologisch bzw. biologisch Übersteuerte finden sich immer. Diese haben dann das Gefühl, etwas für ihre Gesundheit zu tun, was in der medikalisierten Gesellschaft das Killerargument par excellence ist.

Demenz

Durch eine hirneigene Erkrankung erworbene Minderung der intellektuellen Leistungsfähigkeit (Morbus Alzheimer, Gehirnarteriosklerose etc.). Sicher ein wachsendes Problem.

Dennoch: Wie sinnvoll ist die Diagnose einer Demenz bei einem 96-Jährigen? Was erwartet unsere Gesellschaft von einem Greis? Dass er witzig und eloquent ist, für den Marathon trainiert und täglich ein Rilke-Gedicht auswendig lernt?

Denken, magisches

Wer mit dem logisch-wissenschaftlichen Denken so seine Probleme hat, muss noch lange nicht zu einer schamanistischen Kultur nach Ostsibirien auswandern. Gerade im früheren Germanien, wo der deutsche Michel seine Wurzeln hat, feiern realitätsferne Sichtweisen und magisches Denken eine fröhliche Renaissance nach der anderen. In dieser partiellen Lähmung des Denkens werden nicht nur Blutegel zu Schornsteinfegern der Venen, sondern Entgiftung und Ausleitung nach dem Gießkannenprinzip angewendet, schließlich haben sich Erkrankungen nach der Ideologie des Therapeuten zu richten, und nicht umgekehrt!

Depression

Eine kulturelle Hauptströmung unserer Zeit, ja es ist geradezu »in«, depressiv zu sein, in unserer im vergangenen Wohlleben erschlafften Gesellschaft. Um es abzurunden und komprimiert auszudrücken: Nicht zuständig, depressiv und in Psychotherapie zu sein kennzeichnet zunehmend die deutsche Befindlichkeit.

Deutung

Privileg unbefriedigter und vertrockneter Analytiker oder lebensunzufriedener und frustrierter »Ärztinnen für psychotherapeutische Medizin«. Die Deutung ist ein Mythos, es ist nicht notwendig, dass sie die Realität widerspiegelt.

Diagnose

Exakte wissenschaftliche Bezeichnung einer Erkrankung, in Arztbriefen gewöhnlich zuerst erwähnt. Vereinzelt kann es dann heißen: kein Anhalt für neurologische Erkrankung, kein Anhalt für internistische Erkrankung, kein Anhalt für dermatologische Erkrankung, usw. Niemals aber heißt es: kein Anhalt für psychiatrische Erkrankung.

Woran liegt das? Es liegt an dem fast schon morbiden Hang der Psychiater, jede Befindlichkeitsstörung als psychische Erkrankung neu zu definieren.

Dummheit

Da die Ära der Normalität zuende gegangen ist, kann auch die Dummheit beerdigt werden. Albert Einstein war zwar der festen Überzeugung, dass die menschliche Dummheit grenzenlos ist, aber im Psychozeitalter weiß man es besser. Verschuldet durch unbedachte Einkäufe? Klarer Fall von Kaufsucht. Nicht an Verhütung denken? Sexsucht. An einem wichtigen Gespräch nicht teilnehmen? Soziale Phobie. Ständige Grübeleien um Nichtigkeiten? Generalisierte Angststörung.

Dummheit? Ganz gewiss nicht. So einfach kann man sich das nicht machen. Es handelt sich vielmehr um eine spezielle Form einer interneuronalen molekularen Dysbalance.

Elektrosmog

Die Gesamtheit der elektromagnetischen Felder, denen die Menschen heutzutage, insbesondere in den Industriestaaten, ausgesetzt sind.

So etwas wie ein leckes Atomkraftwerk im Radiowecker oder Handy. Die davon ausstrahlende speziell transformierte Radioaktivität ist Ursache für die Paralyse der Menschheit auf molekularer Ebene, direkt durch die DNA, ohne dass wir es merken, wie in dem Film »Die Körperfresser kommen«. Im Auftrag der US-Regierung revolutionierte und vereinfachte Bill Gates den Computer nur deshalb, damit die gesamte Menschheit durch Elektrosmog via Mattscheibe gleichgeschaltet wird. Ökoaktivisten und Heilpraktiker wissen es schon lange. Deswegen lassen sie kurz nach Einschalten der PCs ein Pendel aus Mistelextrakten mehrfach um diesen kreisen, um den dämonischen Äther zu neutralisieren. Gegen die Strahlung aus dem Handy hilft ein in Knoblauchöl getränkter Ohrring, über den ein Huhn aus der Freilandhaltung dreimal gehüpft ist. Und einmal Hüpfen ist die Distanz zwischen Panikindustrie und Paranoia.

Energetik

Alles, was existiert, hat eine energetische Grundform, auch Matrix genannt. Da sind alle grundlegenden Informationen gespeichert. Die Formulierungskünstler solcher Sätze kommen nach mehrstündigen intensiven Überlegungen und Diskussionen wahrscheinlich zu der Erkenntnis, dass ein Pfund Federn und ein Pfund Blei tatsächlich dasselbe Gewicht haben. Schauen wir uns den Satz noch einmal an. Alles, was existiert, hat eine energetische Grundform. Oder anders ausgedrückt: Der erste Hauptsatz der Thermodynamik, dass Energie weder geschaffen noch vernichtet werden kann, sondern immer nur umgewandelt wird, stimmt wirklich. Und das nicht nur seit Neuestem, sondern schon immer. Der Satz wird deswegen im 21. Jahrhundert als neue Erkenntnis gepriesen, da die Rattenfänger der Esoterik mit einer einfachen Botschaft eine möglichst breite Masse erreichen wollen. Dieses Prinzip funktioniert in Deutschland schon immer gut, man erinnere sich nur an den verhinderten Künstler aus Österreich mit Oberlippenbärtchen.

Betrachten wir nun die Sinnhaftigkeit des nächsten

Satzes: Da sind alle grundlegenden Informationen gespeichert. Der Informationsgehalt dieses Satzes lautet in etwa a = a, oder Wasser gefriert bei Temperaturen ab Null Grad Celsius. Das heißt, auch zweibeinige Kamele werden nicht überfordert.

Rhetorik der Banalität reloaded. Das funktioniert deswegen so gut, da die derzeit untergehende Sonne der Kultur selbst bei Fliegendreck riesige Schatten produziert.

Engel-Therapie

Ein neuer Kassenschlager der Hokus-Pokus-Medizin. Himmlische Wesen bestimmen unsere Gesundheit, und alles wird gut. Das predigt die Kirche seit Christi Geburt. Soll helfen gegen Grippe, Krebs und Pest. Nur komisch, dass das seit 2.000 Jahren nie so richtig funktioniert hat. Macht nichts, wir sind dämlich und glauben es trotzdem. Schließlich versetzt der Glaube Berge, auch wenn es in der Realität ein Schaufelradbagger ist.

Engel-Therapie konkret heißt: 180 Euro abdrücken, Hand auf die Stirnfläche legen, allmählichen Energiefluss von der Hand zur Hirnanhangdrüse aufbauen und von dort mit Überlichtgeschwindigkeit durch den himmlischen Äther direkt zum persönlichen Schutzengel. Die Stadt der Engel bekommt Arbeit. Andere stolpern über den Jakobsweg, der Engelpatient schwebt allmählich Richtung Wolke sieben. Er weiß allerdings noch nicht, dass es vom Wolkenkuckucksheim zur geschlossenen Anstalt nur ein kleiner Schritt ist.

Entschädigungsneurose

In der »Was-krieg-ich-dafür-Gesellschaft« zunehmende Grundhaltung, in der versucht wird, auch Bagatelltraumata finanziell verwertbar zu machen. Ganz oben rangiert hier sicherlich das HWS-Schleudertrauma. An dieser Entwicklung ist die Justiz nicht ganz unbeteiligt, denn es gilt: Je komplizierter das Rechtssystem, umso höher der Anteil an Entschädigungsneurosen und Querulanten.

Entscheidungsfindungsgruppe

Bevor diese sich sammelt, müssen die Antidiskriminierungs-, die Antistigmatisierungs-, die Gender- (sowieso, nichts geht mehr ohne diese) und die Gruppe zur achtsamen Interaktion mit Arbeitskollegen aus einem fremden Kulturkreis durchlaufen werden. Nach diesen emphatisch-soziologischen Sensibilisierungsmethoden unter regelmäßiger zertifizierter Supervision mit vierteljährlichem Qualitätsmanagement einschließlich sorgfältiger Dokumentation ist es der Gruppe gestattet, Teilnehmer mit dem komplexesten Kommunikationsrepertoire in die Entscheidungsfindungsgruppe zu entsenden. Dort wird kritisch diskutiert, ob durch die Einrichtung von Katzentrinkwasserbrunnen Hundehalter sich nicht doch insgeheim diskriminiert fühlen könnten. Hierdurch ist man einer Entscheidung einen gefühlten Hauch näher gekommen.

Entschlacken

Lieber entschlacken als in der Kneipe versacken! Genau – auch wenn niemand weiß, was Schlacken eigentlich sind. Wozu auch. Hauptsache, das vage Gefühl von Irgendwas-für-die-Gesundheit-Tun ist irgendwie dabei. Kräuter aus der Apotheke Gottes geben der westlichen Seele das Gefühl von Spiritualität und Transzendenz, zwei Knoblauchzwiebeln, ein Kreuz aus Haselnussholz, Weihwasser mittendrin. Die hier durchgereichten Körner führen zum totalen Entschlackungserlebnis, einer Grundvoraussetzung, um den tieferen Sinn auch in vielen Reden über ökologisches Bewusstsein aufzuspüren.

Epidemie, psychische

Durch Autosuggestion und Massenhysterie ausgelöste Symptomatik, die mit der Ausbreitung einer Infektionskrankheit durchaus vergleichbar ist. Sie ist keinesfalls an Primitivkulturen gebunden. Im Gegenteil: Je höher die Zivilisation, je vielschichtiger die Medialisierung, umso verbissener der Glaube an das Gute in jedweder hochgepuschten Tiffel-Töffel-Silbe à la Bio und Öko. In diesen schon primär verwirrten Sub-Populationen können der Glaube an Esoterik, Grundeinkommen und Feng-Shui großzügig zu den psychischen Epidemien gerechnet werden.

Epikrise

Grundlegender Abschnitt eines Arztberichtes, der das Wesentliche einer Krankengeschichte auf den Punkt bringen sollte. Er verrät jedoch häufig mehr über den Verfasser als über den Patienten. Insbesondere psychiatrische Epikrisen sind von psychomythologisch diffusen Kollegen verfasst, die supervidierend und reflektierend so viel in sich und in die Patienten hineingeschaut haben, dass sie den »Wald vor lauter Bäumen« nicht mehr sehen können.

Erlebnis, traumatisches

Alles wird heute zum Erlebnis. Falls es nicht so läuft, wie man es erwartet hat, nennt man das traumatisches Erlebnis. Solche Erlebnisse für komplex-authentische Mimosen sind: in einem Freilaufgehege von einem Pavian angespuckt zu werden, wo umfangreiche Labortests ergeben, dass dieser doch nicht an Aids, Pest oder Cholera erkrankt ist. Leben von Hartz-IV (sowieso, geht gar nicht). Oder Mutter geht fremd, obwohl sie sonst nur als Popcorn konsumierendes Wesen mit Lockenwicklern vor der Glotze wahrgenommen wird.

Ernährungsberaterin

Mit der eigenen Macke auch noch Geld zu machen, das ist das Geheimnis und zugleich die hohe Kunst der häufig Magersüchtigen in sozial akzeptierter Form.

Erwartungsangst

Die deutsche Kollektivneurose par excellance, frei nach dem Motto »und was ist, wenn«. Die hieraus entstehenden Gedankengänge beeinflussen die Realität so gut wie nie, die subjektive Stimmung im Sinne einer Verschlechterung so gut wie immer.

Erziehungsberatungsstelle

Reparaturwerkstatt der Gegenwartskultur für gestörte Kinder. Um sich in diese besser einfühlen zu können, werden bevorzugt Mitarbeiter mit komplex-familiärem Hintergrund eingestellt. Die empfohlene Therapie ist natürlich die systemische Familientherapie. Systemisch – klingt immer gut und hört sich intelligent an. Regelmäßige Supervision in der Erziehungsberatungsstelle ist selbstverständlich. Damit der Supervisor weiß, worum es überhaupt geht, muss er einen Monat im Big Brother gelebt, regelmäßig BILD am Sonntag und BRAVO gelesen sowie

100 Stunden Vormittags-Talkshows erlitten und überlebt haben.

Esoterik

Der Marxismus auf individueller Ebene. Zumindest im Vokabular, welches die höchsten Dinge zum Ziel hat, bestehen verblüffende Ähnlichkeiten. Es geht um Sein und Bewusstsein, Kritisch-sein oder Nicht-sein oder einfach um eine Gebrauchsanweisung für das Paradies auf Erden.

Zwei Esoteriker, einander in höherer Stellung vermutend.

Exhibitionismus

Volkssport Nr. 1. Drei bis vier Rettungsringe kommen bauchfrei und mit Nabelpiercing eben besser rüber als schamvoll verhüllt. Und wenn Sie Ihre Frau auf einer Porno-Seite im Internet entdecken, so ist das noch lange kein Grund, sich aufzuregen oder sogar die Beziehung infrage zu stellen. Werden Sie Autist, und es ist egal, welche Prostitutionsfantasien Ihre Frau im Internet auslebt.

Exorzismus

Eine Art Psychodrama für klerikal übersteuerte Mitmenschen. Mitmachen kann jeder, der die alten Familiengeschichten nach dem Motto »Warum mein Bruder mir auf der Konfirmation den Stuhl unter dem Po weggezogen hat« satt hat.

Und überhaupt: 3.000 Exorzisten, die der Vatikan nun in die Welt hinausgeschickt hat, sind geradezu lächerlich, denn das Böse lauert überall! Die Wollsocken strickende Ökotante von nebenan, die von der Heilpraktikerin zur Geistheilerin aufgestiegen ist, stößt hier schnell an ihre Grenzen und es braucht nun wirklich professionelle Hilfe. Also: Weg mit den blutigen Anfängern, nur die katholischen Originale können auf eine lange Tradition zurückblicken und kennen sich aus in den Facetten des Bösen.

False-Memory-Syndrom

In den USA beschriebener Begriff über Pseudo-Erinnerungen im Rahmen einer Psychotherapie. Meist geht es hierbei um die »Erkenntnis«, sexuell missbraucht worden zu sein. Der Begriff der Pseudo-Erinnerungen muss jedoch viel weiter gefasst werden. Es handelt sich um durch Eigen- und Fremdsuggestion entstandene Fantasieprodukte, die von gutgläubigen Psychotherapeuten und Psychiatern in der Vergangenheit zur Entwicklung abstruser psychodynamischer Theorien begierig aufgesogen wurden.

Psychodynamik der Therapiesüchtigen: Je komplizierter das Selbst, umso merkwürdiger die Erinnerung.

Familienaufstellung

Theorie, bei der die Stellung und Wertschätzung eines Menschen innerhalb der Familie seine spätere psychische Befindlichkeit maßgeblich bestimmt.

Wenn ein arteriosklerotischer Greis und ehemaliger Missionar in Afrika die Erfahrung macht, dass die Menschen dort nicht mehr nach seiner Pfeife tanzen, so kehrt er zurück nach Europa, wo seine wirren familiendynamischen Theorien im Psychozirkus begierig aufgenommen werden.

Familientherapie

Betrifft die gesamte Familie, da sie von der Vorstellung ausgeht, dass das Beziehungsgefüge innerhalb der Familie wesentlichen Anteil an der psychischen Erkrankung hat.

Wie bitte? Sie haben Familie und sind mit dieser nicht in Therapie?

Um Ihnen einmal die Augen zu öffnen: Die Schulschwierigkeiten Ihres Sohnes sind doch hochverdächtig für eine Aufmerksamkeitsdefizit-/Hyperaktivitätsstörung. Die Temperamentsdurchbrüche Ihrer 15-jährigen Tochter reden Sie bloß nicht mit der Pubertät klein. Schließlich Ihr Partner: mit seinem schroffen und undiplomatischen Verhalten ist er drauf und dran, Mobbingopfer zu werden und wird es wahrscheinlich erst dann merken, wenn es längst zu spät ist. Welche katastrophalen Folgen dies für das familiäre Binnenklima haben wird, braucht wohl nicht näher erläutert zu werden. Sie werden es wahrscheinlich schon längst bemerkt haben: Um eine Familientherapie kommen Sie einfach nicht herum. Da bekanntermaßen ja alles mit allem irgendwie – natürlich reflexiv und interferierend – zusammenhängt, heißt die Lösung des Problems: Systemische Familientherapie. Eventuell gewürzt mit Suggestionshypnose und Hypnoanalyse. Dann können Sie auch wieder mitreden.

Feng-Shui

Eine ganzheitliche Lehre, die Räume in Harmonie mit den darin lebenden und arbeiten Menschen und ihrer Umgebung zu bringen versucht.

Psychische Epidemie, die auch vor Großkonzernen

nicht Halt macht. Durch die richtig ausgesuchte und nach bioenergetischen Gesichtspunkten platzierte Topfblume wird eine solch harmonische Wechselwirkung der Gehirnströme erreicht, dass selbst ein Mario Barth als halbwegs intelligenter Mitarbeiter imponiert. Schon morgens im Badezimmer geht es los. Durch den geschickt aufgestellten Spiegel, der Licht einfängt, wo gar keines ist und dadurch das Spiegelbild des Betrachters mit harmonischer Wechselwirkung und positiver Lebensenergie auflädt, werden mindestens zwei Bluthochdruckmittel eingespart. Und mit dieser enormen ganzheitlichen Balance wird auch das dümmste Geplapper einer Gender-Beauftragten zu einem wahrhaft befreienden Erlebnis.

Frustrationstoleranz

Welcher Langweiler hat eigentlich behauptet, dass Frustrationen zu tolerieren sind? Ausagieren und manipulieren sind die Königswege für eine erlebnisreiche Konfliktgestaltung, auch und erst recht in Beziehungskonflikten. Frei sein, high sein, foppen muss dabei sein. Psychoratgeber mit dem ständigen Gesäusel von Empathie oder Achtsamkeit versagen hier jämmerlich. Auf die Prinzipien von Niccolò Machiavelli ist hier schon mehr Verlass.

Geburtstrauma

Die Trennung von der Mutter als Abschluss der Schwangerschaft und Beginn des irdischen Daseins, oder: Eintritt in die böse, böse Realität. Der zukünftige ideologische Überbau für von cleveren Psychotraumatologen flächendeckend angebotene Therapien. Da lässt sich richtig was rausholen …

Gender

Das Geschlecht ist nicht rein biologisch bedingt, sondern auch maßgeblich kulturbedingt und gesellschaftlichen Normen untergeordnet.

Dass Gesundheit ein Geschlecht hat bzw. dass das Geschlecht einen Einfluss auf Häufigkeit und Verlauf von Erkrankungen ausübt, ist nichts Neues, letztlich banal. Die sich ihre eigene Wichtigkeit herbeiredenden Berufsgruppen Sozial- oder gar Kommunikationswissenschaftler erschaffen hier eine postfeministische Wortspielerei, deren skurrilste Blüte der schon vorgetragene (und mittlerweile in Erfüllung gegangene) Wunsch nach einem »Männerarzt« ist. Dies ist ungefähr so sinnvoll wie ein »Facharzt für chronisch-depressive Hartz-IV-Empfänger«.

Genetisch

Ist alles irgendwie. Gedanken, Verhalten, politische Einstellung, Rasse, Klasse, Religion, das Leben schlechthin. Neuerdings vermutet man sogar ein Gott-Gen. Bei biologistischen Interpretationen dieser Art hat der Allmächtige mal ein Auge zugedrückt, wie so oft.

Gesprächstherapie

Ist der Sammelbegriff für alle Psychotherapieformen, »sprechende Medizin« und somit die Ursuppe aller Psychotherapien. Eine individuelle KiTa für Erwachsene. Das häufigste Muster, nach dem sie zu Stande kommt: Der Hausarzt kann die Gebetsmühle des Jammerns nicht mehr hören, greift zum Überweisungsblock und schreibt das Zauberwort Psychotherapie auf. Der Therapeut sägt sich nicht den Ast ab, auf dem er sitzt. Er wird dafür bezahlt, das

Gejanke zu ertragen. Wird der Patient nach 200 Psychotherapiestunden gefragt, welche neuen Erkenntnisse er über sich und sein Leben erfahren habe, lautet die Antwort häufig: »Nichts, was ich nicht schon vorher gewusst hätte.« Auch eine Methode, Geld aus dem Fenster zu werfen.

Gesprächstherapie, defokussierende

Gesprächstherapeutische Methodik, die ganz bewusst auf Deutungen verzichtet. Stattdessen verbalisiert der Therapeut seine Fantasien zu den Problemen und zu der Persönlichkeit des Patienten. Hierdurch sollen Symptomfixierungen und Beziehungsblockaden gelöst werden.

Hört sich hochakademisch an. Die Vertreter dieser »therapeutischen« Richtung wollen bewusst auf die Deutungshoheit der Tiefenpsychologie oder Analyse verzichten, ihre Spontan-Assoziationen und Bilder dem Patienten ungefiltert mitteilen, um ihn von seinen Sorgen und Nöten abzubringen, was dann als »defokussierend« bezeichnet wird. Erreicht wird dieses hohe Ziel, wie so viele hohe Ziele, so gut wie nie. Eher beschleicht den Patienten beim Zuhören der allegorischen Bilder des Therapeuten der nicht ganz unberechtigte Verdacht, ob dieser nicht selbst gehörig einen an der Waffel hat.

Gespür

Das Mega-Event der Therapiegesellschaft. Bei jeder Handlung im Alltag in sich hineinfühlen und spüren, was es gerade tatsächlich mit einem macht, ganz langsam tief ein- und ausatmen, erst den großen Zeh die Raumtemperatur spüren lassen, um sich allmählich bewusst zu werden, was das für den Tag bedeuten könnte. Dann vorsichtig aufstehen, ganz behutsam unter der Bettdecke die freie Zimmerluft wahrnehmen, um zur ganzheitlichen Morgengymnastik unter kinesiologischen Gesichtspunkten hinüberzugleiten.

Gesund

Ein Synonym für »Noch-nicht-genug-untersucht«. Durch großzügiges Abändern sogenannter »Normalwerte« können große Teile der Bevölkerung quasi über Nacht zu Patienten werden. Und psychiatrische Stilblüten oder Sprechblasen wie »Sissi-Syndrom«, »chronisches Verbitterungssyndrom« oder »pathologische Trauer« sind letztlich Produkte des medizinisch-psychiatrisch-industriellen Komplexes mit dem Ziel, normale Variationen des menschlichen Lebens in Erkrankungen umzuetikettieren, woraus natürlich Profit resultieren soll.

Gesundheits-Coach

Trainiert die klassischen Themen Ernährung, Bewegung, Entspannung und Stressbewältigung für die Gesunderhaltung. Arzt, Krankenschwester, Physiotherapeut, Ernährungsberater, Psychologe, Psychotherapeut, Ergotherapeut, Altenpflegerin, Heilpraktiker … Die Liste ließe sich beliebig fortsetzen. Eigentlich ausreichend, meinen Sie? Reicht aber in einer Zeit, in der Gesundheit zur Ersatzreligion geworden ist, noch lange nicht aus. Schließlich muss auch ein weiteres Auffangbecken für die Zeitgenossen gezimmert werden, deren intellektuelle Ausstattung für die bereits etablierten medizinischen Berufe nicht ausreicht. Der Gesundheits-Coach bekommt dann die Klientel, die er auch verdient hat, beispielsweise die Lehrerin mit Doppelnamen, die Fischverkäuferin mit höheren Ambitionen oder den viermal durch die Heilpraktikerprüfung gefallenen Taxifahrer.

Gewalt-Krisen-Trauma-Coach

Ein Trainer, der die Traumareaktion und insbesondere die Chronifizierung stoppen möchte.

Warnung! Hier sollten sie bloß nicht auf die Couch gehen! Wer dem Opfer eines gewalttätigen Überfalls gegen Bezahlung Psychogequatsche anbietet, handelt wie ein Kurpfuscher, der Krebspatienten mit obskuren Heilmethoden abzockt. Diese zeitgeistlastigen Volltrottel à la Coach, die meinen, für jede seelische Notlage eine professionelle, natürlich richtlinientreue Heilmethode kreiert zu haben, sollte man dorthin schicken, wo sie hingehören: in die Wüste.

Gleichstellungsbeauftragte

Wenn eine Terrierhündin sich gegenüber einem Pudelrüden im Nachteil sieht, trippelt sie zur Tierpsychologin. Diese nennt man Gleichstellungsbeauftragte.

Geht auch noch boshafter. Wenn ein dusseliges Huhn sich bei einem eitlen Gockel nicht durchsetzen kann, wendet sie sich an ein noch dusseligeres Huhn. Dieses heißt ebenfalls Gleichstellungsbeauftragte.

Gruppentherapie

Wendet sich vorwiegend an Patienten mit Störungen der zwischenmenschlichen Beziehungen und des sozialen Verhaltens. Wer die Miene des Therapeuten nicht mehr sehen kann und mit seinen Problemen andere Menschen belästigen möchte, für den bietet sich die Gruppentherapie als ideales soziologisches Experimentierfeld an. Unter dem Motto »Gefühle merken und nutzbar machen« (der Euphemismus war schon immer der heimliche Gott der Psychologen), darf geärgert, provoziert und geflirtet werden. Und noch dazu umsonst! Wozu zahlt man schließlich Krankenkassenbeiträge?

Hilfe, professionelle

Aus einem übertriebenen sozialpädagogischen Anspruch heraus abgeleitete Bezeichnung für Hilfe, deren Berufsgruppen (Psychotherapeuten, Sozialarbeiter, etc.) sich einbilden, Lebens- und sonstige Krisen besser zu meistern als der gesunde Menschenverstand. Erreicht wird durch »professionelle Hilfe« eine Minimierung der Fähigkeit zur Selbsthilfe, und übrig bleibt ein hässliches und die Sprachkultur verseuchendes Vokabular, ähnlich wie »multiprofessionelles Team« oder »Kompetenzzentrum«.

Hintergrund, komplex-familiärer

Hieß früher Gesocks. Die Schönrederei der Gegenwartskultur ist allumfassend. Wenn eine Patientin berichtet, dass sie sieben Geschwister hat, die ihr drogensüchtiger, ADHS-kranker Vater mit jeweils anderen Frauen gezeugt hat und alle im Proletenmilieu aufgewachsen sind, dann nennen Psychologen das »komplex-familiärer« Hintergrund. Eine Art schmückendes Beiwort der therapeutischen und sozialutopischen Fürsorge.

Hypochondrie

Ständige Beschäftigung mit der Möglichkeit, an einer schweren Erkrankung zu leiden, auch wenn es hierfür keine objektiven Hinweise gibt oder das Vermögen, eine zu enge Unterhose zuerst als beginnenden Hodenkrebs zu interpretieren, oder hohe Ozonwerte als Ursache einer gescheiterten Ehe zu sehen. Medial gut getriggert wird aktuell Feinstaub als die Wurzel allen Übels angesehen, auch wenn er schon seit Jahrmillionen existiert.

Hypochondrie wird zu zweit erst richtig schön, beispielsweise durch gemeinsame Röntgenbilderschau am Kamin.

Hypochondrische Befürchtung

Wenn eine gelangweilte Hausfrau (gibt es immer weniger) oder ein arbeitsloser Trinker (gibt es immer mehr) von Reality-Soaps und Gerichtsshows zu Wissenschaftsdokumentationen wechselt und nun der felsenfesten Überzeugung ist, seine Lunge werde in den nächsten Monaten garantiert durch Feinstaub zerfressen, werden zunächst Heerscharen von Juristen beschäftigt. Denn sinnvoller können Steuergelder nicht verwendet werden. Nachfolgend können endlich Kommunen beschäftigt werden, in Großstädten ganze Straßenzüge umzuleiten.

Herzlich willkommen im entfesselten Individualismus!

Hysterie

Die Farbtupfer der Hysterie auf den Gemälden des Lebens sind bunt und grell. Das müssen sie auch sein, um bemerkt zu werden. Der Hysteriker sitzt im Extrazug des Lebens. Motto: Auffallen um jeden Preis. Dabei wird die Erschaffung neuer Probleme zu einem ernsten, aber nicht unlösbaren Problem. Wenn in Fukushima die Atommeiler durchglühen und auf der anderen Seite des Globus Jodtabletten tonnenweise gekauft, gehortet und bevorratet werden, leuchtet der Heiligenschein der Hysterie besonders kräftig über dem germanischen Haupt. Quälende existenzielle Fragen wie die folgende werden darin bebrütet: Sind zwei Stunden Mozart täglich ausreichend für eine möglichst günstige Hirnentwicklung des ungeborenen Sprösslings? In der zweiten Lebenshälfte könnte demnächst die Frage auftauchen: Welche Sorte Pampers passt am besten zu welchem Steißbeintattoo?

Hysterikerinnen, Gebrauchsanweisung für

Sich zurücklehnen, alles in Ruhe noch mal überdenken, Argumente abwägen, danach noch einmal das Gespräch führen, unterschiedliche Standpunkte erklären, vorher noch einmal reflektiert haben, worum es eigentlich geht, was man wirklich will. Alles schön, alles wunderbar.

Klappt aber nicht bei Gestörten. Diese laufen auch bei Kleinigkeiten, insbesondere bei vermeintlichen Ungerechtigkeiten, zu den ungünstigsten Zeitpunkten auf und inszenieren ihr Theater. Gestikulierend, manchmal mit Schaum vor dem Mund (Differentialdiagnose: Tollwut), stammeln sie Worte hervor wie »ich verlange ...« »sofort ...« »unverzüglich ...«. Eine früher genossene akademische Ausbildung ist neuronal zwar nicht ausgelöscht, aber immerhin abgeschaltet. Sollte die Madame auch noch Lehrerin sein, umso schlimmer. Die Sozialisation Schule/Universität/Schon-wieder-Schule lässt Lernen im realen Leben im Keim ersticken. Der Auftritt unserer Hysterikerin hat mittlerweile seinen Höhepunkt erreicht, aber das Schreien und wilde Gestikulieren hat nichts genutzt. Denn wir haben den verhaltenstherapeutischen Königsweg benutzt: Nur nicht beeindrucken lassen, bloß auf keine Forderung eingehen. Falls die Hysterikerin umfällt, können Sie sie liegenlassen. Sie kommt von ganz alleine wieder hoch.

Hysterikerinnen, Trostworte für

Lassen Sie sich Ihre Theatralik bloß nicht als Symptom einer Erkrankung einreden. Über solche Unkenrufe aus den Nebelschwaden des Zeitgeistes sind Sie sicherlich erhaben. Schließlich sitzen Sie im Extrazug des Lebens und sind nicht so dumm gewesen wie Therapeuten, die 10.889

Stunden und 75.000 Euro in eine fragwürdige Ausbildung investiert haben, deren Effizienz nahe Null ist. Schon in der Pubertät durften Sie genüsslich miterleben, wie spannend es sein kann, Krankheit als Waffe einzusetzen. So manches Ihrer Ziele haben Sie dabei spielend erreicht. Und so manche Party wurde erst durch Ihren Ohnmachtsanfall zum Ereignis. Einige Rettungssanitäter lernten erst von Ihnen, echte epileptische Anfälle von hysterischen Anfällen zu unterscheiden.

Verzicht, Enthaltsamkeit, Versagen von Bedürfnissen oder gar »Erhöhung der Frustrationstoleranz«? Mit so einem langweiligen Kram geben Sie sich erst gar nicht ab. Sie haben sich ganz dem Abenteuer der lebenslangen Adoleszenz verschrieben.

ICD-10

Meint das aktuelle Klassifizierungssystem der Psychiatrie. Schon bei oberflächlicher Lektüre fällt auf, dass kein Gefühl, keine innere Regung, keine Form von Unbehaglichkeit ausgelassen wird, um diese als Symptom einer Erkrankung zuzuordnen. Ähnlich wie Wolfgang Leonhardt es in seinem Politklassiker über den sowjetischen Kommunismus ausdrückt (»Jedes, und ich betone jedes – wirklich jedes Wort wurde politisch gewertet«) gilt für das aktuelle psychiatrische Klassifikationssystem: Jede Befindlichkeitsstörung kann psychiatrisch verwertet werden.

Impulskontrollstörung

Der Betroffene kann den Impulsen, sich auf eine bestimmte Art zu verhalten, kaum widerstehen.

Rasten Sie manchmal schon bei Kleinigkeiten aus, bringt Sie das undisziplinierte und schlafmützige Verhalten mancher Verkehrsteilnehmer zur Weißglut, und kommt es deshalb innerhalb der Familie regelmäßig zu Streitereien? Und gibt es wegen Ihres aufbrausenden Verhaltens ständige Querelen am Arbeitsplatz?

Geben Sie sich jetzt bloß keinen selbstquälerischen Grübeleien hin. Sie können aufatmen, schließlich können Sie nichts dafür. Ist genetisch bedingt. Nennt man Impulskontrollstörung. Was auch besser ist, seien Sie froh, dass Sie in der Gegenwart leben. Vorbei die Zeit, als man sich von irgendwelchen lebensuntüchtigen Analytikern die übliche Phrasendrescherei von mangelnder Frustrationstoleranz, Verwöhnung in der Kindheit oder ähnlichen Mist anhören musste. Sie nehmen einfach das, was bei störenden aufsässigen Kindern selbstverständlich geworden ist: Ritalin. Merke: Eine kleine Prise Ritalin am Morgen, und der Tag wird ohne Sorgen.

Intelligenz, emotionale

Emotional in jedem Fall, aber nicht unbedingt intelligent. Immer schön brav sagen, »was man gerade empfindet«, damit gelangt man sicher an sein Ziel. Genauso sicher, wie Hella von Sinnen demnächst eine Professur für Ästhetik bekommt.

Katathymes Bilderleben

Die psychologische Deutung von Szenen und Bildern, die die Patienten sich tagtraumartig vorstellen.

Patienten sollen über ihre Assoziationen beim Betrachten von Bildern erzählen, welche dann von dem aus der Solidarkasse bezahlten Geschichtendeuter interpretiert werden. Eine weitere Quelle für die psycho-mythologische Mottenkiste.

Kindheit

Wer lange sucht, der findet, besonders in der Kindheit. Wenn nebulöse Erinnerungen im psychotherapeutischen Prozess zur Wahrheit verdichtet werden, dann geht es um die Kindheit, die Keimzelle allen Übels. Sich richtig oder sich falsch erinnern – vollkommen egal. In jedem Fall droht Aufarbeitung bis zur Senilität.

Kindheit, schlimme

Die wahre Ursache für den Zweiten Weltkrieg, den Holocaust und den Archipel Gulag. Denn Hitler und Stalin hatten eine schlimme Kindheit. Weiß die Hirnforschung. Und diese weiß auch, dass die beiden Diktatoren – wahrscheinlich Diktatoren und Gewaltverbrecher überhaupt – psychisch krank und somit vermindert schuldfähig sind.

Die neurobiologische Aushebelung der Schuld – das tut den Menschen richtig gut. Damit endlich alles normal wird, egal wie verquer und zurechtgedacht es auch sein mag. Gender-Mainstream schafft das Geschlecht ab und die Neurobiologie die Schuld. Und Tschüss Verantwortung.

Kleptomanie

Triebhaftes Stehlen von Konsumartikeln ohne Wunsch der Bereicherung.

So gut wie nie tatsächlich existierende Krankheitsentität, sondern seit Etablierung der Psychoanalyse das Schutzschild für delinquente Zeitgenossen, um von eigener Schuld abzulenken.

Konfabulation

Bericht von erfundenen Begebenheiten zur Ausfüllung von Erinnerungslücken bei schweren organischen Hirnerkrankungen.

Rhetorisches Stilelement von Politikern im Rahmen eines Interviews. Zur Ausfüllung von Gedächtnislücken werden erfundene Geschichten in den Erzählfluss mit eingeflochten.

Kortison und andere Gifte

Körpereigenes Hormon, welches als Medikament bei überschießenden Immunreaktionen verabreicht wird. Es ist bei längerer Anwendung mit zahlreichen schwerwiegenden Nebenwirkungen verbunden.

Aus naturheilkundlicher Sicht das süße Gift der Schulmedizin für chronische Erkrankungen. Denn die sollen ja chronisch bleiben, damit die böse Pharmaindustrie, die übliche Verdächtige, dicke Gewinne einstreichen kann. Die fließen dann in die Forschung, wo weitere Medikamentengifte produziert werden, beispielsweise Psychopharmaka, die für den mikroökologischen Gau im Großhirn sorgen.

Kränkung

Zunehmende gesellschaftliche Attitüde, die dabei ist, das Betroffensein abzulösen und dem Traumatisiertsein den Weg zu bereiten. Narzisstisch gekränkt ist der Gemütszustand der chronisch Beleidigten, mit denen die Richter eines Sozialgerichts sich herumplagen müssen.

Oder auch die wesentliche Säule der Empfindlichkeitskultur, deren Glaubensbekenntnis lautet: Gekränkt, empört, gecoacht.

Lampenfieber

Sie meinen, das sei eine gewisse Anspannung und Nervosität vor öffentlichen Auftritten? Von wegen. Psychoanalytisch betrachtet handelt es sich um eine Form der Angsthysterie mit Reaktionsbildung auf Exibitionswünsche. Im Klartext: Eigentlich wollen Sie sich vor dem Publikum nackt ausziehen, Sie wissen es nur noch nicht. Konstruiert, zu weit hergeholt? Tja, so ticken nun mal Analytikergehirne: Umständlich, kompliziert, falsch. Auf diese theorielastigen und verquasten Ebenen werden Sie sich nicht begeben. Sie bleiben ein Vertreter der einfachen Welt, der der komplizierten öfter mal den Fehdehandschuh hinwirft.

Lebensunzufriedenheit

Psychotherapeutisches Perpetuum mobile. Heißt jetzt Depression.

Exkurs

Lindauer Psychotherapietage

Die Fortbildungsveranstaltung für Psychotherapeuten schlechthin.

Wer Psychologen und Therapeuten wie aus der Karikatur kennen lernen möchte, dem seien die Lindauer Psychotherapietage wärmstens empfohlen. Paartherapeutinnen mit signalrotfarbener Haartracht wechseln sich ab mit Kolleginnen, die mit ihren meist zusammengesuchten Kleidungskollektionen auf einer Art negativem Catwalk sicherlich eine respektable Figur abgeben würden. Ein orangefarbener Schal um die Stirn gewickelt, weiter unten ein Jutesack mit großzügigen Ausstülpungen nach rechts und links, der wohl ein Sakko darstellen soll, und zum Schluss noch Turnschuhe, die den Weg zur Mülltonne verpasst haben. Wer schon lange keine häkelnden Damen im Bundestag gesehen hat, hier trifft er sie wieder. Und nicht nur die. Auch die kurzgeschnittene, präsenile Kampflesbe kann ihre Einlagen innerhalb der Vorlesungen inszenieren. Das oberhalb der Halskrause nicht ganz dichte Publikum verzeiht alles. Es wird mal rasch ein Stuhl kraftvoll in Richtung des Referenten geschoben, um ihm zu signalisieren, dass er die neu gebildete Linie nicht zu überschreiten habe, damit die Sicht zu den Projektionen gewahrt bleibt. Das präsenile kurzhaarige Fräulein erlebt dann die Momente höchster Intellektualität, wenn sie den männlichen Rednern stereotyp die Frage stellt, warum an dieser und jener Untersuchung nur Männer beteiligt gewesen sind. Selbstverständlich gehen die galantesten Herren und Diener der lesbokratischen Unkultur hierauf bereitwillig ein.

Für die zentralen Probleme des Menschseins erfährt man von Neuerungen wie »computergestützte Trauertherapie, Lach-Coach oder Erste Praxis für Liebeskummer Deutschlands«. Armes Deutschland. Themen wie »Töchter und Mütter im Märchen« kündigen köstliche Möglichkeiten der tiefenpsychologisch und mystischen Phraseologie an. Kurse werden angeboten wie beispielsweise »Männer – das miserable Geschlecht«, die von irgendwelchen Hampelmännern besucht werden, natürlich mit Selbstreflexion, bis sich die Katze in den Schwanz beißt. Natürlich werden »neue kommunikative Dimensionen« erreicht. Coach, Selbstreflexion, Achtsamkeit – diese penetrant zärtlich geflöteten Vokabeln des Psycho-Blablas sind nichts weiter als Schmuckworte, die bei jeder passenden Gelegenheit in die Diskussion katapultiert werden können. Satiriker und Kabarettisten aller Länder, auf zu den Lindauer Psychotherapietagen!

Loslassen

Die Thematisierungswut hat damit ein neues Opfer gefunden. Eine ernsthafte Auseinandersetzung mit diesen armseligen Psychoratgebern erübrigt sich.

Adäquater ist folgendes Bild: Wenn John Klees von der Schauspielertruppe Monty Python mit Frack und Zylinder auf dem Erlebnisklo sitzt und gleichzeitig geistesabwesend und fasziniert das Wechselspiel der getönten Lichtfarben beobachtet, dann, und nur dann kann Loslassen wirklich geübt werden.

Medizin, holistische

Synonym für ganzheitliche Medizin. Vor lauter Ganzheitlichkeit kann man sich heutzutage kaum noch retten. Wenn Sie nach einem Verkehrsunfall mit einer spritzenden Blutung auf der Straße liegen und ein Arzt will mit Ihnen die Krankheitsvorgeschichte unter daseinsanalytischen Aspekten erörtern, haben Sie es mit einem Kollegen der holistischen Medizin zu tun. Gute Besserung!

P. S. Und wenn demnächst ein extraterrestrisches Institut für ganzheitliche Kosmologie eröffnet wird, tja, dann können wir uns ja nur noch gegenseitig beglückwünschen.

Methadon

Ersatzstoff zur Behandlung von Opiat-Abhängigen. Die biochemische Krönung der Suchtmedizin oder der

Kältetod des drogenpolitischen Gewissens oder beides? Jedenfalls eine Art rauschhafte Dauerimprägnierung für delinquente Suchtkranke, um diese sozial kompatibler zu gestalten.

Nicht budgetierte Einnahmequelle für marode Arztpraxen, um die Widrigkeiten des Daseins besser zu ertragen. Das tägliche Tröpfchen mit dem köstlichen Nass dürfen nur Mediziner der edelsten Gesinnung verschreiben. Natürlich ohne jegliche finanzielle Interessen.

Missbrauchsopfer

Wer sich im 95. Lebensjahr an die sadistische Nonne erinnert, die einem im 5. Lebensjahr eine schallende Ohrfeige verpasste, weil das Vaterunser nicht korrekt aufgesagt wurde, kann zur Aufarbeitung bei der katholischen Kirche eine spirituelle Psychotherapie beantragen.

Psychodynamik einiger Missbrauchsopfer: Je komplizierter das Selbst, umso merkwürdiger die Erinnerungen.

Mobbingopfer

Absicherungsgesellschaft, betonierter Kündigungsschutz im öffentlichen Dienst, Beamtentum: Da bleibt nur noch Mobbing. Sonst nichts. Wie soll man sie sonst loswerden, die Bedenkenträger, Verkomplizierer und Leistungsverweigerer aller Art. Die wehren sich dann mit der Arbeitsunfähigkeitsbescheinigung. Schließlich werden die ökologischen Bedingungen in den Freilaufgehegen der Stadtverwaltungen auch immer härter. Immerhin – wer verliert, darf sich als Mobbingopfer outen. Das Trostpflaster Opferstatus ist erreicht.

Multiple Chemical Sensitivity

Angebliche Überempfindlichkeit auf chemische Substanzen, die in der gemessenen Konzentration für die Durchschnittsbevölkerung noch keinerlei Schäden hervorrufen könne oder auch moderne Paranoia, in jedweder chemischen Substanz die Ursache für Krebs, Allergien, Depression oder nicht bewältigte Lebenskrisen zu sehen.

Multiple Persönlichkeit

Kontrovers diskutierte Persönlichkeitsstörung mit unterschiedlichen Wesenszügen bei ein und derselben Persönlichkeit zu unterschiedlichen Zeitpunkten.

Ein wieder neu angefachtes Strohfeuer der märchenstrickenden Therapeutenszene, der die hysterische Persönlichkeit noch nicht schillernd genug war. Anders ausgedrückt: die speziell kulturgeformte hysterische Persönlichkeit des ausgehenden 20. Jahrhunderts. Eignet sich letztlich am besten für Kinofilme mit teilweise durchaus spannender Handlung.

Neurologie, Arzt für

Arzt, der sich im El Dorado der Anankasten befindet. In dem Kinderglauben an die Wahrheitsstiftung durch Objektivierung und Messbarkeit zunehmend vom Arzt zum Techniker konvertierend. Kann in geselliger Runde aber auch schon mal zugeben, dass 50 % der »neurophysiologischen Messungen« ohne therapeutische Konsequenzen sind.

Narzissten, Trostworte für

Sie sind talentiert, anbetungswürdig, grandios und – selbstverständlich – multiprofessionell. Zu dumm, dass dies Ihre vertrottelten Mitmenschen noch nicht mitbekommen haben. Damit teilen Sie das Schicksal aller Genies, dass Sie Ihrer Zeit voraus sind. Wenn Ihre Größe nicht genügend gewürdigt wird, so ist das nicht Ausdruck mangelnder narzisstischer Gratifikation, sondern spiegelt lediglich das fehlende Differenzierungsvermögen Ihres Vorgesetzten wider, der sowieso den maximalen Grad seiner Inkompetenz erreicht hat. Die Realitätsferne Ihres schusseligen Psychotherapeuten, der sich noch nicht einmal eine Sekretärin leisten kann und in einer Dachgeschosswohnung eines stadtbekannten Plattenbauviertels praktiziert, haben Sie gleich durchschaut. Der war noch nicht einmal in der Lage, Ihre fundierten Argumente für die Beantragung einer Mietminderung seiner Praxisräume nachzuvollziehen, geschweige denn, Ihnen angemessen zuzuhören. Die boulevardmäßige Bedienung irgendwelcher Jedermannsgefühle können Sie sich auch selbst herbeireden.

Fazit: Drehen Sie Ihrem Therapeuten den Geldhahn ab, damit er endlich lernt, mit einer bodenständigen Arbeit sein Geld zu verdienen, um auf eigenen Füßen zu stehen und evtl. ein bisschen lernt, darauf zu laufen. Die Zeit ist auf Ihrer Seite, haben Sie nur noch ein paar Jahre Geduld.

Narzisstinnen, Trostworte für

Dass Ihr letzter Seitensprung eine Lachnummer war, glaube ich Ihnen gerne. Aber was erwarten Sie schon von einem anachronistischen Analytiker, der zwar überall Phallus-Symbole sieht, selbst aber nichts zu Stande bringt. Vielleicht bevorzugen Sie demnächst einen jungen dynamischen Eventmanager. Da wir gerade beim Thema Sei-

Der Narzisst

tensprung sind: Was Ihnen selbstverständlich erlaubt ist, ist Ihrem Ehemann noch lange nicht erlaubt. Sollte er es dennoch wagen: Mit einer banalen Scheidung wird er nicht davonkommen. Ein Kompromiss mit Hilfe einer kleinkarierten Besuchsregelung für die gemeinsamen Kinder in Verbindung mit einer langweiligen Unterhaltsklage? Aber nun wirklich nicht! Eine Anzeige wegen Vergewaltigung in der Ehe ist wohl das Mindeste. Dass Ihr Therapeut von »Rachsucht aus narzisstischer Kränkung« spricht, kümmert Sie einen Dreck. Der gehört eh selbst in Therapie oder noch besser: ganz weggeschlossen.

Da fühlen Sie sich bei Ihrer Staranwältin von der Düsseldorfer Kö, die gerade von einer Fortbildung in geschlechtsspezifischer Beratung kommt, viel wohler. Sie wird aus Ihrer Version der schon seit Jahren geschlagenen und vergewaltigten Ehefrau Wirklichkeit werden lassen. Dafür wird sie schließlich bezahlt. Und wenn demnächst Ihr Ehemann für Ihren luxuriösen Lebensstil aufkommen wird, können Sie sich entspannt zurücklehnen und sich dann in neue Beziehungsabenteuer stürzen.

Neurose

Psychische Erkrankung mit Ursache in unbewussten seelischen Konflikten und vielgestaltiger Symptomatik (Ängste, Depressionen etc.).

Das Bauen von Luftschlössern über zwischenmenschliche Beziehungen. Begünstigend wirken Erziehungsleitsätze wie »Ihr müsst euch doch vertragen«.

Ödipus-Komplex

Für Söhne: Liebe die Mutter und verfluche den Vater.

Für Töchter: Liebe den Vater und verfluche die Mutter (für Besserwisser: Das nennt man auch Elektra-Komplex).

Dass Freud seine Mutter begehrte, war sein zentrales Problem. Und damit er mit diesem Problem nicht so alleine stand, machte er es zum Problem aller Männer. Geteiltes Leid ist halbes Leid, das wusste auch Freud, der selbst sein liebster Patient war.

Exkurs

Öffentlicher Gesundheitsdienst

Wer sich schon nicht im OP, ja nicht einmal in der Psychiatrie behaupten kann, für den bietet sich immer noch ein sicheres Refugium hinter Schreibtisch und Aktenordnern. Fernab von der eigentlichen ärztlichen Tätigkeit, zum Teil im sicheren Beamtenschoß, werden die Kollegen alimentiert, die, aus welchen Gründen auch immer, sich in der freien Wildbahn zu wenig engagiert haben. Der Arzt für Brauchtum und Schriftkunde kann nun sein kreatives Potenzial gebrauchen, um Flyer, Broschüren und Stellungnahmen zu »gesundheitspolitisch wichtigen Themen« zu verfassen, selbstverständlich konform mit der Meinung von im demokratischen Populismus hochgespülten Provinzpolitikern. Der intellektuelle Anspruch dieser Tätigkeit im Vergleich zum vorherigen Studium verhält sich ungefähr so, wie »Der Zauberberg« von Thomas Mann zur BILD am Sonntag.

Der eigentliche Sinn des öffentlichen Gesundheitsdienstes besteht aber darin, ein nach außen relativ sicheres Auffangbecken zu bilden, von wo aus die dort tätigen Kollegen am wenigsten Unheil anrichten können.

Ihr Credo lautet: Wo Aktion ist, soll Dokumentation werden.

Orthorexie

Krankhafte Fixierung auf gesunde Ernährung.

Die Anorektikerin isst so wenig wie möglich, der Orthorektiker so gesund wie möglich. Eine Porreestange auf dem erstbesten Gemüsemarkt kaufen? Für den Orthorektiker unmöglich. Für ihn ist nicht nur die genaue Zusammensetzung nach Vitaminen, Ballast- und Mineralstoffen wichtig, sondern auch die exakte Herkunft. Der Stammbaum der Porreestange ist kaufentscheidend.

1887 schrieb Friedrich Nietzsche »Zur Genealogie der Moral«. In den fiebrigen Ausdünstungen einer politisch korrekten Ökodiktatur reicht es gerade noch für eine Genealogie der Gurke.

Overprotection

Überbehütender Erziehungsstil. Der antiautoritäre Erziehungsstil der 68er – und der nachfolgender Generationen. Verursacht am Lustprinzip orientierte Individuen, die in der zunehmend anforderungsreicheren globalisierten Welt psychische Erkrankungen entwickeln und somit den Psychiatern die Sprechstunden füllen.

Paartherapie

Psychotherapie für Ehepaare und eheähnliche Lebensgemeinschaften. Das ideale Beratungsinstrument, um aus einer kaputten Beziehung noch Geld herauszupressen. Führt jedoch nur zur Verlängerung eines unwürdigen Zustandes.

Panik

Keine Panik auf der Titanic! Das war einmal. Heute ist Panik mega-in. Getreu der alten Journalistenregel »Bad news are good news« kann man schon von der Panikindustrie sprechen. Diese hat nun den Klimawandel entdeckt. Nur hat sie eins vergessen: Klimawandel ist normal, es hat ihn immer schon gegeben, mal schneller, mal langsamer. Und der Eisbär wird auch nicht aussterben, wie schon früher wird er sich mit dem Braunbären vermischen. Doch die von der Panikindustrie gesponserten sogenannten Klimaexperten schwelgen in immer drastischeren Horror- und Katastrophenszenarien und haben den Hauptübeltäter auch schon ausgemacht: CO2. Das aufgeheizte Konglomerat aus populistischen Entscheidungsträgern (auch Politiker genannt), Panikindustrie und profilneurotischen Klimatologen steuert nun von einem hektischen Aktivismus zum nächsten, der die geistige Windstille nur notdürftig verbergen kann. Und wer sich kurz vor dem Sonnenstich befindet, jagt als Zulieferer der Panikindustrie mit dem Handy durch die Gegend, um jede Windhose Deutschlands abzulichten. Derzeit soll dem letzten CO2-Molekül der Garaus gemacht werden. Diese ständige Verunglimpfung unzurechnungsfähiger Moleküle ist fast schon ein Fall für eine Ethikkommission.

Paramedizin

Von der Schulmedizin abgegrenzte Vorstellungen und Methoden. Beispielsweise Darmsanierung, Vorhandensein von »Energiefeldern«, Beeinflussung des gesundheitlichen Zustandes durch Wasseradern etc.

Die Kindertagesstätte der Hochschulmedizin, pseudoproblematisch und psychodramatisch hochaufgeladen. Hier wird sich um die wahren Killer der Menschheit gekümmert, beispielsweise Schwermetallbelastung durch

Amalgamfüllungen, Schlafstörungen durch Betten auf Wasseradern oder Antibiotika als Ursache für den mikroökologischen Gau im Enddarm. In diesem Theater kann jeder mitmachen, der sich dazu berufen fühlt, ob die Fingernageldesignerin, die mehr Geld in der Disko ausgeben möchte, oder der Rentner in seiner Abgeschiedenheit, der die esoterischen Anteile seines Selbst entdeckt hat. Beide werden ihre zukünftigen Patienten durch mystisch aufgeladenes Vokabular sicherlich überzeugen, denn diese haben alle eine Diagnose gemeinsam: zumindest mittelgradigen Schwachsinn. Die kommerziell erfolgreichsten Heiler lassen sich in zwei Gruppen einteilen. Die der Hysterikerinnen und die der Paranoiker. Die erstgenannten überzeugen durch angeborenes schauspielerisches Talent, die letztgenannten durch Sendungsbewusstsein. Beides kommt authentisch rüber.

Paranoiker

Persönlichkeiten mit ständigem Gekränktsein und Misstrauen.

Diese Menschen liegen voll daneben, aber irgendwie richtig mittendrin, zumindest nach ihrem Selbstverständnis. Lebensmotto: Wenn meine Meinung mit der Realität nicht übereinstimmt, umso schlimmer für die Realität. Aus dieser Disposition entsteht das endzeitdiagnostische Denken, dass Dinge in Zeichen und Zeichen in Vorzeichen umwandelt. Die metaphysische Ursuppe aller Verschwörungstheorien.

Persönlichkeitsstörungen

Sind gekennzeichnet durch tief verwurzelte und lang anhaltende Verhaltensmuster, die eindeutig sozial inadäquat sind.

Menschen mit einer Persönlichkeitsstörung können nicht verstehen, dass für sie im Universum kein neuer Planet bestellt werden kann.

Oder: Je komplizierter das Selbst, umso verzerrter die Wahrnehmung und grotesker die Bedürfnisse.

Persönlichkeitsstörung, zwanghafte

Perfektionismus und übermäßige Gewissenhaftigheit sind so ausgeprägt, dass ständige Schwierigkeiten und Konflikte vorprogrammiert sind.

Bösartige Verunglimpfung diffuser, unstrukturierter Psychiater, die nur schwer nachvollziehen können, dass es sich bei der dieser Persönlichkeitsstörung (auch »anankastisch« genannt) um ordnungsliebende Persönlichkeiten handelt, die sich – gerade angesichts der Globalisierung – bei Arbeitgebern größter Beliebtheit erfreuen und eine Stütze der Gesellschaft sind. Für diffuse Psychiater nur schwer nachvollziehbar. Schließlich leben die unstrukturierten von den strukturierten Zeitgenossen.

Exkurs

Pharmakotherapie in Zeiten des Internets

Auf die Frage nach Wirkung und Verträglichkeit eines verordneten Antidepressivums erklärte mir eine Patientin, dass sie dies nicht sagen könne, da sie es nicht eingenommen habe. Sie habe stattdessen den Namen des Wirkstoffes in eine Suchmaschine des Internets eingegeben und sich in einem Forum 250 (!) Einträge zu dieser Substanz durchgelesen. Am häufigsten wurden Nebenwirkungen genannt wie beispielsweise Herzrasen, innere Unruhe, Schlafstörungen. Die habe sie doch ohnehin schon.

Ich entschied mich rasch und intuitiv, auf eine sinnlose und energieverzehrende Gegenargumentation zu verzichten, zumal es ihr ja auch so schon deutlich besser ging. Angesichts der Budgetierungen und drohender Regresse bei der Medikamentenverordnung gefiel mir die Sache sogar immer besser. Erst verschreiben, dann – fast schon im Sinne einer Provokationstherapie – den Patienten auffordern, um ganz sicherzugehen, noch einmal selbst in diversen Internetforen zu recherchieren. Das Ziel dabei ist, dass er das Medikament völlig neu bewertet, beispielsweise als eine Mischung aus E-605 und Blausäure. Oder als Happy-Pill zur neuronalen Gleichschaltung im Zuge der Globalisierung. In jedem Fall wird er es sich nicht verschreiben lassen und beruhigt feststellen, dass es ihm so schlecht doch nicht ging.

Phobien

Man unterscheidet hier diverse Arten, z. B. die »soziale« Phobie gilt als übertriebene Angst, in kleineren Gruppen prüfend betrachtet zu werden.

Diese Schüchternheit in den Zeiten der Medical Correctness kann endlich gebührenpflichtig korrekt abgerechnet werden.

Der fließende Übergang zur Realsatire ist zu finden in einer »Arbeitsplatzphobie«, einer Art mystische psychologische Vision, um Inkompetenz und Faulheit doch noch schönzureden. Früher hieß es mal: »Die spinnen, die Römer. Heute muss es heißen: »Die spinnen, die Psychologen.«

Für Lehrer gibt es die Unterform der »Gesamtschulphobie«. Immerhin kann mit dieser Attestierung der Bodensatz der Pädagogen in den vorzeitigen Ruhestand geschickt bzw. sozialverträglich aussortiert werden.

Und Schüler, die zu blöd sind, Pippi Langstrumpf zu verstehen, können natürlich auch nichts dafür, denn sie haben schließlich eine »Lernphobie«.

Positives Denken

Bewusste Betonung der positiven Aspekte bei zu negativer Weltsicht. Psychologische Allzweckwaffe gegen die negativistisch-hysterische Grundstimmung der breiten Masse zwischen Nordsee und Alpen. Als kultureller Nebenfluss entwickelte sich die Spaßgesellschaft. In den nachgängigen Psychoratgebern ist »Positives Denken« so oft wiederholt worden, dass sicher Hein Blöd und Lieschen Müller der Meinung sind, man könne es am nächsten Kiosk in Tüten kaufen.

Posttraumatische Belastungsstörung

Symptomkonstellation aus wiederholtem Erleben des erlittenen Traumas, Gefühle von Betäubtsein und emotionaler Abgestumpftheit nach einem Trauma, welches beinahe bei jedem Menschen zumindest eine tiefe Verstörung hervorrufen würde (Kriegshandlungen, Vergewaltigungen etc.).

Ohne Trauma keine psychische Erkrankung, so das Credo der »Psychotraumatologen«. Aus der Traumaforschung resultieren letztlich mehr Erkrankungen, als dass man diese effizient behandeln könnte. Die Ausweitung dieses Krankheitsbegriffes wird in den nächsten Jahren groteske Formen annehmen, so dass ein Auffahrunfall für die Diagnose ausreichen wird. Ein Klassenausflug im Jahre 2015 wird nur unter Hinzuziehung eines Traumatherapeuten für den betreuenden Lehrer durchführbar sein.

Problembewusstsein

Die edelste Bewusstseinsform seit Menschengedenken. Gutmenschen haben es in jeder Zelle. Deswegen wissen sie auch, dass Froschwanderwege im deutsch-französischen Grenzgebiet keinesfalls über französisches Territorium führen dürfen, da die Froschschenkelliebhaber die possierlichen Tierchen dort gleich in die Friteuse hauen. Oder dass Sturmtiefs seit 1998 in ungeraden Jahren männliche Namen und in geraden weibliche tragen, um einer Diskriminierung vorzubeugen. Eben die existenziellen Probleme des Menschseins.

Menschen mit Problembewusstsein fordern auch Frauenbadetage oder Nacktwanderwege durch größere Parkanlagen.

Wer meint, die Betreffenden sollten sich untersuchen lassen: Das Geld kann man sich sparen.

Psychiater, schweigender

Neulich im Internet gewesen, Patientenforen. Beschwert wurde sich über einen Psychiater, der kaum mit seinen Patienten sprach und wenig Blickkontakt hielt, sondern nur Pillen verschrieb und Krankschreibungen ausstellte. Bloß keine Diskussionen.

Nicht nur ein Amt prägt einen Menschen, auch der Beruf. Wir haben hier eines der ersten Opfer der sprechenden Medizin. Das Kaleidoskop der Negativität mit dem Leitsatz:

Alles Mist, deine Emma, hätte ihn fast in den Burn-out getrieben. Sein Praxisschild wird zukünftig den Schriftzug aufweisen: Zentrum für innovative interneuronale Molekularstrategien.

Psychiatrie

Die postpubertäre Spielwiese der Medizin. Ideal für Kollegen, denen strukturiertes Vorgehen oder planerisches Denken von jeher fremd geblieben sind. Beschäftigt sich zunehmend mit Erkrankungen, die sie selbst erfunden hat.

Psychiatrie, Arzt für

Sollte kulturbedingt unterteilt werden in Facharzt für traumatisierte Mobbing-Opfer, Jugendpsychiater für Pubertierende mir partieller Deutsch- und kompletter Mathematikphobie, Erwachsenenpsychiater mit der Zusatzbezeichnung Arbeitssuchtmedizin, Psychoneurologen mit Interessensschwerpunkt libidinöser Versagenszustände usw.

Psychiatrie, Chefarzt der

Ein Widerspruch in sich. Ein Chefarzt entscheidet, ein psychiatrischer Chefarzt nicht. Hierzu hat er schließlich »das (ach so hoch gelobte) Team«. Die so entstehenden Freiräume können für zahlreiche Scheinveranstaltungen geschickt genutzt werden, z. B. Supervision, Visitenvor- und Nachbesprechung, Fallsupervision, Leitungssupervision, Assisstentenbesprechungen, kleine Teamrunde, große Teamrunde. Diese Aufzählung ließe sich fortsetzen.

Psychische Erkrankung

Die sprunghaft anmutende Zunahme der psychischen Erkrankungen in der gegenwärtigen Epoche ist gar nicht so rätselhaft wie vielfach angenommen, sondern logische Konsequenz. In einer Gesellschaft mit Thematisierungswut, wo auch noch das Intimste veröffentlicht und jede Befindlichkeitsstörung pseudoliterarisch verarbeitet wird, wird auch die Selbstbeobachtung und Nabelschau grenzenlos und jede psychische Problematik zur Erkrankung stilisiert.

Psychoanalyse

Sieht die Ursache von psychischen Erkrankungen in unbewussten Konflikten.

Über den ausgetretenen Holzpfad dieses Begriffes ist schon so viel und so zu Recht gelästert worden, dass kaum noch etwas hinzuzufügen ist. Peter Sloterdijk hat Recht, wenn er sagt, dass der Nebel der Psychoanalyse nur Sichtweiten bis zur dritten Generation zulässt und kulturelle Strömungen und geschichtliche Tendenzen nicht hinreichend würdigt. Sie ist zu teuer, erreicht zu wenige und dauert einfach zu lange. Im Übrigen war Freud der einzige Patient, an dem er selbst wirklich interessiert war. Nach eigener Aussage waren Patienten für ihn »Gesindel«, die nur zum Geldverdienen gut waren. Dementsprechend kostete eine Stunde Psychoanalyse – umgerechnet auf heutige Verhältnisse – 415 Euro.

Psychodrama

Der Konflikt des Patienten wird im Rollenspiel dargestellt und bearbeitet.

Wer als Medizin- oder Psychologiestudent die Aufnahme in die Schauspielschule nicht schafft, hat später immer noch die Gelegenheit, sein schauspielerisches Talent im Rahmen des Psychodramas auszuleben. Unter seiner Anleitung können dann Patienten ihre Familientragödie (oder: geglaubte Familientragödie) aufarbeiten. Dabei dürfen Spielzeugpuppen genüsslich gequält und hemmungslos in Kissen geheult werden.

Psychohygiene

Lehre von der Erholung der geistig-seelischen Gesundheit. Also nicht unbedingt eine Methodik der mentalen Hochdruckreinigung für obszönes Gedankengut. Eher schon die Anleitung, klar zu sagen, was man denkt, um sich dadurch besser zu fühlen. Falls Sie Lehrer sind, nehmen Sie auf irgendwelche Überempfindlichkeiten von irgendwelchen Eltern bloß keine Rücksicht. Sagen Sie dem undisziplinierten, übergewichtigen und störenden Schnösel von der 10b ganz klar, dass er fett, faul und gefräßig ist. Damit schlagen Sie auch eine Brücke zur Provokationstherapie.

Psychopharmaka

Medikamente, die zur Behandlung von psychischen Symptomen bzw. den entsprechenden Erkrankungen verwendet werden.

So war es einmal gedacht. Aber so wird es nicht bleiben. Der Trend zum Lifestyle-Medikament wie in den USA setzt sich auch hier durch. Machen wir uns nichts vor: Was dort praktiziert wird, wird nach fünf bis zehn Jahren auch hier kritiklos übernommen, egal ob Coca Cola, MacDonalds oder der 3. und 4. Job in der Arbeitswelt (kultureller Abfall wechselt sich mit sozioökonomischer Notwendigkeit ab).

Zurück zum Lifestyle-Medikament oder zum Psychopharmakon light: Wer in der Zukunft Prüfungen bestehen will, braucht Turbo-Moleküle zur Förderung von Konzentration, Aufmerksamkeit und Gedächtnis. Examensleistungen werden nicht mehr vom Lernen, sondern von der Qualität der örtlichen Apotheken abhängen.

Psychoratgeber

Wenn Verlierer kompliziert werden, dann sind Psychoratgeber die bevorzugte Literatur. Wer hier Rat sucht, ist vom Mainstream schon so was von verkorkst und verraten, dass ihm auch durch eine Gehirnprothese nicht mehr zu helfen ist. Sei's drum, auf dass Psycho-Fuzzis hiermit ihren Lebensunterhalt verdienen können. Supervidiert und reflektiert, das ist schon so gut wie geistig krepiert.

Psychose

Sammelbezeichnung in der Psychiatrie für schwere geistig-seelische Erkrankungen, wie Schizophrenie, Morbus Alzheimer etc. oder auch allgemeine Bezeichnung für unterschiedliche Geisteskrankheiten mit zum Teil nachgewiesener, zum Teil hypothetischer organischer Ursache.

Damit es etwas klarer wird: Der Neurotiker baut Luftschlösser, der Psychotiker wohnt darin – und der Therapeut kassiert die Miete.

Psychotherapeutische Medizin, Facharzt für

Ist damit beschäftigt, mithilfe eines kommunikativen Problemlösungsprozesses psychische Erkrankungen und deren Folgen zu bewältigen bzw. zu lindern.

Langweiliger Kram! In Wahrheit ein Arzt, der dafür bezahlt wird, sich die Geschichten anzuhören, die der genervte Bekanntenkreis seit Jahrzehnten nicht mehr hören kann.

Die psychotherapeutische Medizin verhält sich zu den Ursprungsdisziplinen Neurologie und Psychiatrie wie die kosmetische Chirurgie zur Unfallchirurgie.

Ihre gesellschaftlich entlastende Funktion besteht in der Umverteilung des Jammers am Beginn des 21. Jahrhunderts.

Psychotherapie

Beruflich gefestigte Liebeserklärung an ergebnislose Gespräche.

Psychotherapie, spirituelle

Der Königsweg zum kosmischen Bewusstsein, nach Auf- und Durcharbeiten von Familiengedöns und anderen kleinbürgerlichen Katastrophen.

Wer dann nach über 20-stündiger Videodokumentation über den dauergrinsenden Dalai Lama ein wohl vernehmliches und langgezogenes »OOHHM« artikulieren kann, ist schon ein gutes Stück weitergekommen.

Psychotraumatologie

Teilgebiet der Psychiatrie/Psychotherapie, die sich mit psychischen Erkrankungen und Traumata befasst.

Den durch die Medien hoch suggestiblen Menschen unserer Zeit wird gebetsmühlenartig vermittelt, dass die Überwindung eines Traumas ohne psychologische Hilfe quasi undenkbar ist. Der Faszination, traumatisiert zu sein, können viele nicht widerstehen. Psychotraumatologische Ambulanzen und Zentren schießen deshalb wie Pilze aus dem Boden. Sie bedienen sozusagen den medial vermittelten Wunsch, endlich einmal Opfer sein zu dürfen. Manche dieser Zentren geben in ihren Flyern an, dass 20 % der Betroffenen nach einem traumatisierenden Ereignis eine posttraumatische Belastungsstörung entwickeln. Durch einen weitreichenden informativen (oder besser: induktiven) Prozess über Gazetten wie Stern, Spiegel, Frau im Spiegel etc. wird in den nächsten Jahren mit Sicherheit erreicht werden, dass bei unerwarteten Lebensereignissen höchstens 20% der Bevölkerung keine posttraumatische Belastungsstörung entwickeln.

Wer ist heute – und erst recht morgen – eigentlich nicht traumatisiert?

Qualitätsmanagement

Maßnahmen zur Verbesserung und Sicherung der Qualität einer bestimmten Methodik bzw. Arbeitsweise.

Ähnlich wie bei der sich aufdrängenden Frage »... und wer therapiert die Therapeuten?« müsste auch hier gefragt werden, wer denn die Qualität der Qualitätsmanager prüft. Gar sie selbst und dann auch noch ohne vorherige Selbsterfahrung?

Der Qualitätsmanager in der Medizin ist der Rettungssanitäter für Absicherungsdenken und Bürokratie. Wichtige Gründe sprechen für ihn: Mit der eigenen Praxis lässt sich zu wenig Gewinn erzielen. Bei den Arzthelferinnen wandern bei innovativen Vorschlägen des Chefs schon seit Monaten die Augen nach oben. Zu wenig Bestätigung durch eigene Heilerfolge. Spätestens jetzt wird es höchste Zeit, sich zum Qualitätsmanager fortbilden zu lassen. Weg von der wertschöpfenden und endlich hinein in die kontrollierende Tätigkeit. Ob sinnvoll oder nicht, Hauptsache ein paar Euro mehr. Endlich ein Quäntchen Selbstbestätigung (oder noch schöner: Narzisstische Gratifikation). Und weg von nervenden Patienten. Aber was ist mit der Zuhörerschaft, die zur Teilnahme an Qualitätsmanagementseminaren quasi gegängelt werden? Na ja, kleiner Kollateralschaden der Reglementierungsgesellschaft.

Qualitätsmanagement ist das neue goldene Kalb für die Jünger des regulierungswütigen Zeitgeistes. Mit anderen Worten: Politisch korrekter geht es nicht mehr. Doch ähnlich wie bei Bio und Öko gilt auch hier: Je bedeutungsleerer das Vokabular, umso häufiger seine Verwendung.

Qualitätszertifikat

Die beurkundete und gerahmte Belobigung für die Bravheit der neuen Qualitätsspießer. Damit sollen mehr »Fabrikwaren der Natur« (Arthur Schopenhauer) angelockt werden. Die eigentlich Intelligenten lassen sich davon nicht beeindrucken. Sie haben diesen Taschenspielertrick schon längst durchschaut.

Quartalssäufer

Darf heute niemand mehr sagen. Sie wissen ja, political correctness, Diskriminierung. Das Allheilmittel ist Empathie. Und nun heißt es: Episodisch erhöhter Alkoholkonsum bei wenig gesundheitsbewusstem Lebensstil. Das braucht auch keinen Arzt. Da reicht schon der Gesundheitscoach.

Querulanten

Ein primär um Genauigkeit und Gerechtigkeit bestrebter Mensch, der genau darin von Psychiatrie und regulierungswütiger Justiz verunglimpft wird. Je unstrukturierter der Psychiater, umso häufiger die Diagnose querulatorische Persönlichkeitsstörung.

Und Sie haben wirklich recht: An manchen Tagen kann man schon den Eindruck bekommen, es nur mit Flaschen zu tun zu haben. Ihre Meinung ist die richtige und wird sich auf Dauer auch durchsetzen. Wenn andere kein Verständnis dafür haben, was Sie sagen, so ist es deren Problem. Sie verfügen über das Talent, das Wesen eines Sachverhaltes rasch zu erkennen und im Klartext darüber zu sprechen. Dabei auf irgendwelche Empfindlichkeiten oder mögliche Kränkungen der Mitmenschen Rücksicht zu nehmen, wäre völlig unangemessen. Ihre Persönlichkeit hat Profil, wie ein Fels in der Brandung, und das unabhängig von irgendwelchen Situationen oder Lebenslagen. Wenn Sie sich beispielsweise um eine Position innerhalb einer Stadtverwaltung bemühen, so werden Sie im Vorstellungsgespräch bei der Gleichstellungsbeauftragten auf die Frage nach Ihrem Hobby unverblümt und mit der Lässigkeit von Humphrey Bogart erklären, dass Sie Blondinen in Flaschen sammeln.

Rehabilitation, psychosomatische

Von lateinisch habilis, passend, tauglich. Maßnahmen zur beruflichen und sozialen Integration bei psychosomatischen Erkrankungen.

Natürlich psychosomatisch, gesunder Geist in einem gesunden Körper. Psychosomatische Rehabilitation ist am sinnvollsten bei einem 59-jährigen leitenden Angestellten, der sich schon seit Jahren gemobbt fühlt und das Schild Burn-out auf seinen Schreibtisch gestellt hat. Gerade er wird nach vier Wochen freudestrahlend und positiv in die alte Tretmühle zurückkehren, um dort wieder frischen Wind hineinzublasen. Denn das hat er gelernt, dass es so mit seiner Griesgrämigkeit nicht weitergehen kann. Zur Stimmungsaufhellung werden in der psychosomatischen Reha artig Körbe geflochten, Bilder gemalt und »neue kommunikative Strategien« geübt. Die können schon gleich abends in der Kneipe umgesetzt werde, um die erbarmungslose neue Arbeitswelt zu bejammern. Oder Pläne zu entwerfen, um möglichst geschickt in den vorgezogenen Ruhestand zu kommen.

Rentenneurose

Ausdauerndes Kämpfen um eine Rente als Ausgleich für Krankheit oder Unfall. Die Rentenneurose ist eine psychische Erkrankung, die aus Zukunftsängsten entsteht. Stabilisiert wird sie durch Geiz, konsequent und gleichzeitig liebevoll gefüttert durch Fachadvokaten für Arbeitsrecht. Erst durch ein ablehnendes und abschließendes Gerichtsurteil tritt vollkommene Heilung ein.

Ruhestand

Schafft den Ruhestand ab; das sozialpolitische Düngemittel für Übergewicht, Diabetes, Bluthochdruck, Depression und Demenz. Bis auf die Hersteller von Insulin und Gehwägelchen braucht kein Mensch einen bräsigen Ruhestand. Er gehört, um es mit Leo Trotzkis Worten auszudrücken, auf den Müllhaufen der Geschichte.

Schizoide

Einzelgänger, die keinen Wunsch nach einer engeren menschlichen Beziehung haben.

Das Gefasel von der Wichtigkeit zwischenmenschlicher Beziehungen ist ihnen schon von jeher auf den Geist gegangen. Und die Familie als ein neuer Ort des Horrors ist für sie ein alter Zopf, wo wird schon mehr betrogen und belogen, als in der eigenen Familie. Sie wissen genau, dass das Leben fies, schmutzig und gemein ist. Ihr Therapeut ist der Letzte, der dies begreifen wird. Vor lauter Interpretationen, Bildern, auf- und absteigenden Gefühlen, Vor-, Nach- und Zurückspüren kann der noch nicht einmal geradeaus schauen geschweige denn, Termine pünktlich einhalten. Seine verlotterten Praxisräume gleichen mehr einem Basar für Esoteriker als einer ordentlichen Arztpraxis. Konsequenterweise haben sie auch nach der dritten Probesitzung einen Schlussstrich gezogen. Der Beitragszahler wird es ihnen danken, dass durch diffuses Therapeutengeschwätz nicht noch mehr Geld verschleudert wird.

Schmerz, seelischer

Aus diesem Samenkorn der Attitüdengesellschaft ist mittlerweile eine große und schillernde Blume geworden. Ihre Düngemittel sind: Kuschelfaktor in allen öffentlichen Diskursen, gefühlstriefende Propaganda der Sozialstaatsindustrie. Gefühlt garantiert, ob gefühlte Temperatur, gefühlte Entfernung, gefühlte Unsicherheit oder gefühlter Verlust. Gut macht sich auch das Heulen vor laufender Kamera.

Leitsätze: Ich bin betroffen, ich habe Angst, ich bin authentisch.

Selbstfürsorge

Das modische Patentrezept für psychische Gesundheit schlechthin, so eine Art heiliger Gral gegen ein Burn-out. Es wird von Psychotherapeuten gnadenlos praktiziert, deswegen nehmen sie nur Patienten, die ihnen guttun. Um die persönlichkeitsgestörte, asoziale und süchtige Restpopulation kümmert sich ein Konglomerat aus Juristen, Sozialpädagogen, Polizei und Sozialpolitiker.

Selbstbeobachtung

Die Attitüde der westlichen Welt schlechthin. Ein erster wichtiger Schritt zu einer soliden Basis für Hypochondrie. Eine kultivierte Steigerung der Selbstbeobachtung lässt sich durch Bewusstseinstraining erreichen. Dort lernen Sie, dass es nicht nur einen inneren Schweinehund gibt. In diesen Seminaren haben Sie die beste Gelegenheit, sowohl Ihr inneres Kind als auch Ihren inneren Arzt kennen zu lernen. Dann haben Sie auch diese Kurpfuscher im weißen Kittel nicht mehr nötig.

Selbsthilfegruppen

Der medizinisch-industrielle Komplex versucht überall zu manipulieren. Und da auch und gerade Experten käuflich sind, schreit dies geradezu nach Selbsthilfe. Hier werden existenzielle Probleme diskutiert, beispielsweise in den Selbsthilfegruppen für Medizingeschädigte, Lach-Yoga, Linkshändigkeit, Trennung/Scheidung, Mobbing oder Sex- und Liebessucht. Doch die Gesellschaft in den Zeiten des herzlosen Turbokapitalismus ist für wesentliche Aspekte des Daseins völlig blind geworden. Wo bleibt die Selbsthilfegruppe für die Halter autistischer Zwergkaninchen? Oder für eingewachsene Fußnägel?

Sissi-Syndrom

Spezielle Form bei jüngeren und sportlichen Frauen, die durch ihren Aktivismus die Depression kompensieren wollen und eigentlich nicht depressiv wirken. In den letzten Jahren als nicht etabliertes Konzept wieder fallengelassen.

Nostalgisch aufgepumpter Begriff mit Reminiszenzen an die sportlichen Aktivitäten der Kaiserin Elisabeth.

Wenn eine Alt-68er-Therapeutin, die schon auf zellulärer Ebene für diese Welt zu kompliziert gestrickt ist, die Dynamik einer schlanken und attraktiven »Patientin« nicht mehr ertragen kann, dann diagnostiziert sie ein Sissi-Syndrom. Aktivismus als Ausdruck einer Depression, denn nichts anderes ist damit gemeint. Warum eigentlich nicht? Denn diese narzisstische Kränkung muss sie nun wirklich nicht ertragen.

Sozialpsychologe

Beschäftigt sich mit dem Verhältnis zwischen Individuum und Gesellschaft und ist überflüssig wie ein Kropf. Ein Möchtegern-Intellektueller, der nach 32-semestrigem Studium den pädagogischen Anspruch entwickelt hat, Otto Normalverbraucher die Welt zu erklären. Dazu lässt er sich in seinem Ambiente ablichten und verbreitet Weisheiten wie: »Unser Standard ist global nicht lebbar!« Das weiß allerdings jedes Kind. Er war es nie und wird es niemals sein. Und er muss es auch nicht. Allen sozialschwärmerischen Utopien zum Trotz: Niemals in der Geschichte der Menschheit hat es eine klassenlose Gesellschaft gegeben. Und das ist auch gut so.

Stalking

Belästigendes bis bedrohendes Aufsuchen und Nachstellen einer ehemals geliebten Person, die sich von einem getrennt hat.

Hiervon Betroffene sind vorzugsweise durch einen antiautoritären Erziehungsstil oder andere überschmückte oder verkomplizierende Lebensformen verwirrte Individuen, die das Unrealistische einer Wunsch- und Verwöhnungswelt nicht begriffen haben. Den Nachreifungsprozess hat nun die Justiz übernommen.

Stimulanzien

Zentral anregende Psychopharmaka.

Meiden Sie psychotherapeutische Gespräche wie der Teufel das Weihwasser. Gehen Sie den direkten psychopharmakologischen Weg, machen Sie es wie Jean-Paul Sartre. Sein Motto war: Verzweiflung ist das größte Attentat gegen sich selbst. Amphetamine und Koffein wurden gegen Schreibblockaden und für die Inspiration genutzt, Analgetika halfen gegen Schmerzen und mit Whisky ließ sich beides positiv beeinflussen. »Triebaufschub« und »Einübung in Erhöhung der Frustrationstoleranz«, diese pseudo-intellektuellen Worthülsen können Sie getrost irgendwelchen analytischen Hohlköpfen überlassen.

Störung

Äußerst fragwürdige Kopfgeburt, die in einer fast hysterischen Neuerungssucht in die moderne psychiatrische Klassifikation eingeführt wurde, um den bisherigen, angeblich vielseitig vorbelasteten Begriff Krankheit zu vermeiden. Es muss schon recht aufbauend für psychisch Kranke sein, als »gestört« bezeichnet zu werden.

Stress

Das Erlebnis der Anforderungen im entfesselten Individualismus. Der Urschlamm des biopsychosozialen Modells für psychische Erkrankungen schlechthin. Wenn Gesundheit als Zustand völligen seelischen und sozialen Wohlbefindens definiert wird, dann hat der Vorrat an Stress kosmische Dimensionen angenommen.

Suchttherapeut

Eine ganz besondere Spezies unter den Therapeuten. Nimmt täglich am Gesangsunterricht für das hohe Lied der Konsequenz teil. Darüber hinaus hat er seinen Patienten kaum etwas mitzuteilen. Und ob er jemals lernt, dass Konsequenz nichts weiter ist als ein Kobold in engen Köpfen, ist mehr als zweifelhaft.

Supervision

Eine Art Kontrolleinrichtung, in der der Therapeut dem Supervisor über die Schwierigkeiten mit seinen Patienten berichtet. Hierbei sollen Fehler in der therapeutischen Vorgehensweise aufgeklärt werden.

Das goldene Kalb der Psychiatrie. Die Supervision soll die Chance geben, durch einen externen Psychofachmann, der die Patientengeschichte »auf sich wirken lässt«, neue Aspekte und therapeutische Optionen zu entwickeln. Tatsächlich die willkommene Gelegenheit, sich im stressigen Klinikalltag in gemütlicher Runde unter Kollegen zusammenzusetzen und mal nicht von schwierigen Patienten genervt zu werden. Hierbei wird trotzdem das Gefühl vermittelt, für die Patienten tätig zu sein, indem »Fantasien« und »Bilder« oder »Versionen« ausgetauscht werden.

Täter

Eindeutig psychisch krank. Und in erster Linie Opfer: Opfer seiner Gehirnmoleküle, die irgendwie aus dem Takt geraten sind. Durch Diskriminierung, schlimme Kindheit, Migrationshintergrund, bildungsfernes Milieu, genetische Vorbelastung sowieso, ständige Gewaltpräsentation in den Medien, inkompetente und überforderte Lehrer, mangelnde Vermittlung von Disziplin, kultureller Verfall überhaupt. Der Täter gehört einer aussterbenden Spezies an. Die Zukunft gehört dem Opfer.

Tiefenpsychologie

Teilgebiet der Psychologie, welches sich mit dem unbewussten Motiven menschlichen Verhaltens beschäftigt.

Wie feucht-schlüpfrig ihr unbewusstes Gedankengut ist,

warum sie ständig ihre Vorgesetzte zur Weißglut bringen, obwohl sie eigentlich, natürlich ohne dass ihnen das bewusst ist, viel lieber Sex mit ihr hätten, damit befasst sich die Tiefe der Psychologie. Daneben auch mit ebenso existenziellen Fragen wie: Warum hat mir meine Schwester auf der Erstkommunion den Stuhl unter dem Allerwertesten weggerissen und wie hat dies meine Beziehungsfähigkeit maßgeblich geprägt? Wie konnte ich eine halbwegs stabile Persönlichkeit entwickeln, obwohl meine Mutter Lehrerin und mein Vater Rechtsanwalt war? Oder warum habe ich meiner Schwester im Sandkasten die Förmchen geklaut? Fühlte ich mich ihr gegenüber zurückgesetzt? Oder lauert hier nicht doch vielmehr ein frühkapitalistischer Interpretationshintergrund?

Die Never-Ending-Story des Aufarbeitens hat endlich begonnen, die Stunde der therapeutischen Parallelgesellschaft geschlagen.

Thematisieren

Man kann alles thematisieren. Wie z. B. die kulturanthropologische Interpretation des Spaltungsirreseins im Wien des ausgehenden 19. Jahrhunderts oder den Verarmungswahn von Dagobert Duck aus tiefenpsychologischer Sicht. Wer nach der Sinnhaftigkeit dieser Thematisierungen fragt, gilt als Spielverderber. Im Medienzeitalter gilt: Ich thematisiere, also bin ich.

Therapiejargon

Wer sich ganzheitlich spirituell wahrnimmt, der kann auch der gefühlten Negativität positive Aspekte abgewinnen und nach einer authentischen Auszeit mit traumvollen und albtraumlosen Nächten in Verbindung mit einem dezenten Hauch an Supervision neue historische Hintergrundaspekte in seinem kritisch durchleuchteten metaphysischen Selbst facettenreich erspüren. Wenn dann das eigene Gehirn mit der virtuellen Welt ein fast schon inzestuös geflochtenes Band mit kontinuierlichen Rückkopplungen und Selbstbefruchtung bewirkt, dann hat sich der mit Bedeutung aufgepumpte Therapiejargon in den eigenen Schwanz gebissen. Nach Entweichen der Luft bleibt nichts.

Das Vokabular ist schlicht Unsinn in rhetorisch elegant verkleideter Form. Ihre Schöpfer haben eines gemeinsam: Ein kompliziertes Selbst. Je komplizierter das Selbst, umso merkwürdiger die Bedürfnisse und umso verzerrter die Wahrnehmung. Das ist das Prinzip des Therapiejargons, durch das die geringsten Umstände eine ungeheure Wichtigkeit erfahren.

Therapeut, guter

Hat eine mindestens siebenjährige Zusatzausbildung in Provokationstherapie und spricht in den ersten 25 Therapiesitzungen ausschließlich über sich und seine eigenen Probleme. Patienten, die brav zuhören, dürfen weiter kommen. Somit lernen sie, dass es Leute gibt, die deutlich weniger Tassen im Schrank haben als sie selbst. Darüber relativiert sich einiges und echte Heilungsprozesse werden in Gang gesetzt.

Therapeut, schlechter

Hat mindestens 20 Semester Betroffensein studiert und zusätzlich Kurse in Achtsamkeit und Empathie belegt. Patienten können sich somit in ihr eingebildetes Elend (und den Luxus ihrer Depression) geschickt hineinsuggerieren. Die Zementierung des Krankenstandes gehört zur Methode, sie bildet das finanzielle Fundament für die nächste Therapeutengeneration.

Therapiekultur

Die drei Zyklen lauten:

1. Reflektiert (Freud)
2. Supervidiert (nach 1945)
3. Paralysiert (Gegenwart)

Tierheilpraktiker

Ihr Wellensittich ist nicht mehr gesellig, hackt derb nach seinen Artgenossen und zieht sich zurück? Sie ahnen schon das Schlimmste und vermuten eine ornithologische Autismusvariante?

Der Tierheilpraktiker wird's richten: Nach dem Prinzip der Ähnlichkeit wird er ein homöopathisches Mittel auswählen, das dem Piepmatz bei seiner Daseinsbewältigung am besten helfen wird. Ersatzweise geht auch hunderttausendfach verdünntes Ritalin in destilliertem Wasser. Damit bitte ihren Vogel einmalig achtsam einsprühen mithilfe eines Blumensprühers. Kostet 250 Euro, lohnt sich aber. Denn schon am nächsten Tag wird der Wellensittich seiner blonden Öko-Lady fröhlich ins Ohr zwitschern: »Hallo Mausi, wie geht es Deinem Vögelchen?«

Toleranz

Nicht ganz dicht und offen für alles sein.

Traumdeutung I

Der ausgelatschteste Trampelpfad zum Unterbewusstsein. Schlüpfrig und glitschig in der Art eines psychohistorischen Morastes. Wer freiwillig solch einen Pfad beschreitet, sollte nicht nur seinen weißen Kittel, sondern am besten auch seine Approbationsurkunde an den Nagel hängen, um in Zukunft zum Clown der Therapiegesellschaft zu avancieren.

Traumdeutung II

Das Kaffeesatzlesen der Interpretationsartisten, auch Psychotherapeuten genannt. Methode der Wahl ist die freie Assoziation, d.h. jeder kann mitreden, der schon einmal auf einer Coach gelegen hat. Und schon kann's losgehen.

Ein Hauptschullehrer in Berlin-Neukölln träumte, er habe einen Schüler mit Migrationshintergrund der Schule verwiesen. Die politisch korrekte Traumdeutung besagt, dass er

a) einfach nicht begreifen will, dass Deutschland ein Einwanderungsland ist;
b) sich über seine Ehefrau geärgert hat;
c) im Grunde selbst der Schule verwiesen werden möchte.

Lösung: Selbstverständlich b).

Der politisch korrekte Pädagoge ist so verliebt in Deeskalation und Gender-Theorien, dass er seiner verzickten Ehefrau noch nicht einmal im Traum die Meinung sagen darf.

Über-Ich

Obere Instanz der Persönlichkeit. Der Richter über das Ich, auch Gewissen genannt. Natürlich völlig realitätsblind und fernab vom Pragmatismus, wie sonst bei Juristen üblich. Das Über-Ich will einfach nicht wahrhaben, dass Familien ein idealer Nährboden für Lebenslügen sind. Gern wurde es jahrhundertelang von seinem früheren Wahlverbündeten bestärkt, dem katholischen Pfarrer. Dieser wiederum erfährt harsche Kritik vom Verbündeten des Es, dem Therapeuten, der aber auch eine Vermittlerrolle zwischen Es und Über-Ich hat. Da die beiden sich einfach nicht einig werden und das Ich daran hindern, sich mit der schmutzigen und verdorbenen Realität zu arrangieren, wird er niemals arbeitslos, der Therapeut. Angenehme Privatpatientinnen werden mit Floskeln bei der Stange gehalten wie: »Sie träumen so brav und Sie assoziieren so schön«, oder »alles, was Sie zur Genesung brauchen, haben Sie in sich, Ihnen fehlt nur der Zugang«. Selbstwertstärkendes Gesülze mit empathischem Abgang, Marke Sigmund Freud, Spätlese 1939. Der Therapeut wird niemals beschäftigungslos. Es sei denn, es kommt zur Pandemie, zum Meteoriteneinschlag oder zum Dritten Weltkrieg. Wenn es wirklich hart auf hart kommt, dann hat die letzte Stunde des Therapeuten-Softis geschlagen, und Typen wie Ferdinand Sauerbruch werden eine gewisse Renaissance erfahren.

Unbewusst

Das Totschlagargument der Psychoanalyse schlechthin. Tatsächlich ist es gleichbedeutend mit: Mir fällt nichts anderes ein.

Urschrei

Wem die gängigen Psychotherapieformen nichts gebracht haben, der muss ganz von vorne anfangen. Nicht unbedingt beim Urknall, aber zumindest beim Urschrei. Damit nichts in die Hose geht, ziehen die Kenner der Urschrei-Szene vorher die Windeln an. Frisch gewickelt und gepudert nehmen sie sich gegenseitig an die Hand und schreien aus Leibeskräften fünf Sekunden lang. Wer ein Faible für so etwas hat, kann im realen Leben auch schon mal ganz schnell vor die Wand laufen – natürlich mit hysterisch schreiender Grundhaltung.

Verlustängste

Wenn es um rotzfreche und dennoch liebenswerte Enkel, unzuverlässige und fremdgehende Männer, rauchende und saufende Väter und Mütter geht, dann besorgen Sie sich einen Überweisungsschein für Psychotherapie bei Ihrem Hausarzt um die Ecke, und das Gejammer und Gejanke kann endlich losgehen.

Versorgung, psychosoziale

Was die Medizin nicht mehr hinkriegen kann, dass erledigt die psychosoziale Versorgung. Eine demnächst staatlich verordnete, lebenslängliche Schnullerprothese für die weniger Erfolgreichen. Nachdem die Sozialutopisten der WHO Gesundheit als einen Zustand vollkommenen körperlichen, seelischen und sozialen Wohlbefindens definiert haben, werden Befindlichkeitsstörungen und Mangelempfindungen niemals ausgehen. Und wer am lautesten schreit, wird am besten versorgt, mögen die Anliegen auch noch so skurril sein.

Verständnis

Dies zu haben, dafür wird er bezahlt, Ihr Therapeut. Doch Vorsicht, auch hier gilt: Wer Verständnis für alles hat, kann nicht ganz dicht sein.

Wasserlassen, schamhaftes

Auch *Paeruresis* genannt. Die Betroffenen haben erhebliche Schwierigkeiten, eine öffentliche Toilette zu benutzen. Sie fühlen sich beobachtet, meinen, andere zu stören, und infolgedessen kann sich ein Wasserlassen nicht entwickeln.

Wenn die Herren der Schöpfung eine öffentliche Toilette benutzen und sowohl der Meinung sind, dass Gott ihnen zuschaut, als auch den Eindruck haben, dass der urinierende Nachbar ihre Penislänge kritisch beäugt, dann liegt schamhaftes Wasserlassen vor, eine streng behandlungsbedürftige Erkrankung. Therapeutisch wird den Betroffenen empfohlen, mit einer halbvollen Wasserflasche auf einer öffentlichen Toilette Plätschergeräusche zu erzeugen, um zu erleben, »was dies dann mit einem macht«.

Mal ehrlich: Was ist von Psychotherapeuten zu halten, die sich angesichts bedeutsamer neurologischer und psychiatrischer Erkrankungen wie Morbus Alzheimer, MS und Schizophrenien mit solch einem hyperindividualistischen Schnickschnack ernsthaft auseinandersetzen und ihn zu einer behandlungsbedürftigen Krankheit hochstilisieren? Manche Fragen beantworten sich von selbst.

Exkurs

Wasser

Wasser trinken soll »in« sein, und Promis machen es vor. Anders als diese mediengeleiteten Lemminge sollten Sie nicht ständig mit einer Wasserflasche durch die Gegend laufen, womöglich noch mit einer, deren Verschluss einem mutierten Schnuller gleicht. Wenn Sie es schon einem Promi gleichtun wollen, dann suchen Sie sich wenigstens ein Unikat aus, z. B. Richard Burton, dessen Morgen mit einem doppelstöckigen Wodka-Orange begann (besteht auch zu 80% aus Wasser, allerdings in deutlich inspirierenderer Form).

Es ist wohl ein Zeichen der Zeit, dass irgendwelche moralinsauren Ökofuzzis wissenschaftlich aufgeblasene Hochglanzbroschüren zu verwässerten Banalitäten verfassen dürfen. Die Botschaften sind jeweils so simpel, dass man berechtigte Zweifel daran haben muss, ob deren Verfasser den Sonderschulabschluss ohne Nachhilfe erreicht haben. Kostprobe gefällig? Bitteschön: »Vegetarische Ernährung und täglich zwei Liter Quellwasser trinken ist die

Lösung für so gut wie alle Probleme«. Wie schon gesagt, die Promis machen es vor.

Wille, freier

Wird durch neurobiologisch aktivierte Psychiater und Hirnforscher intensiv verfolgt und gejagt. Fast möchte man meinen, der freie Wille sei ein aussterbendes Geschöpf für das Washingtoner Artenschutzabkommen.

Die inneren Regionen des Gehirns, insbesondere das für Emotionen und Gedächtnis zuständige limbische System, stehen unter Generalverdacht, die eigentlichen Regisseure menschlichen Verhaltens zu sein. Der freie Wille soll ein Konstrukt sein, das Ich ein Hampelmann, ferngesteuert von Zellen, Genen und Neuotransmittern. Doch wer diesen Zinnober glaubt, verwechselt Buch mit Autor oder das Klavier mit dem Klavierspieler. Warum Neurotheorien dieser Art so erfolgreich sind? Das süße Gift des verantwortungslosen Daseins ist einfach zu verführerisch.

Wohlbefinden und Lebensqualität, Steigerung von

Wie kann man dies nur schreiben. So deutsch, so hausbacken. So etwas sagt heute niemand mehr. Seit mindestens einem Jahrzehnt lautet die korrekte Formel: Beauty und Wellness. Oder: Ein Jahrzehnt gepflegter Langeweile.

Mal ehrlich: Diesen Mist kann doch keiner mehr hören. Er ist mindestens genauso langweilig wie Sprüche à la »Der Weg ist das Ziel« oder noch schlimmer »Die Seele baumeln lassen«. Bei dieser faulen Beigabe eines schwachen Geistes wird der intellektuelle Würgereflex zur echten Erleichterung.

Zurück zur Beauty- und Wellness-Erscheinung. Deren schneidendste Inszenierung kann nur durch die Wohlfühlchirurgie erreicht werden. Wenn ein bekannter Schönheitschirurg auf Mallorcas Ballermann 6 vor laufender Kamera einer 85-jährigen High-Society-Lady im wahrsten Sinne des Wortes das Fell über die Ohren zieht, wird dies noch lange nicht das Ende sein. Im Silicon Way of Life bekommen die schrillsten Modelle des Körperkults fahrradschlauchartige Lippenimplantate beim großen Face-Lifting als Gratisbeigabe. Dann entfällt auch die Kostümierung für den Kölner Karneval.

Zertifizierung

Die amtlich bescheinigte und geregelte Fortbildung für Mediziner (die Ausdehnung auf weitere Berufsgruppen ist im vollen Gange, demnächst gibt es die zertifizierte Putzfrau oder den zertifizierten Türsteher), die die Patientenversorgung nach dem neuesten wissenschaftlichen Stand sichern soll. So die offizielle Version. Dahinter verbirgt sich der Ausfluss eines verwaltungsmedizinisch organisierten Komplexes, welcher Fortbildungsveranstaltungen organisiert, wo Ärzte gegängelt werden, pennälerhaft Punkte zu sammeln und Trivial-Pursuit-Fragen zu beantworten. Andererseits ist nirgendwo untersucht oder belegt worden, ob die medizinische Versorgung hierdurch tatsächlich signifikant verbessert wird! Dies dürfte methodisch auch äußerst schwierig sein.

Ihren Ursprung hat die zertifizierte Fortbildung, wie so viele fragwürdige Neuerungen, jenseits des Atlantiks.

Es handelt sich um eine Teilströmung der Globalisierung, oder treffender Amerikanisierung, die auf ein viel zu geringes europäisches Selbstbewusstsein gestoßen ist.

Zwangsneurose

Stereotyp wiederkehrende Gedanken oder Handlungen, die durch eine übertriebene Reinlichkeitserziehung verursacht sind, oder auch: die Wunschneurose des Turbokapitalismus. Denn mit verzärtelten Sprösslingen der Laisser-faire-Erziehung lässt sich kein Kapital mehr machen. Nachdem sie sich ihr pubertierendes Köpfchen an der Betonwand der Realität gestoßen haben, lungern sie in irgendwelchen Therapien herum, die sowieso nichts bringen.

Der clevere Arbeitgeber ist nicht auf den Kopf gefallen. Er bevorzugt den untherapierten Zwangsneurotiker, sozusagen die fleischgewordene Originalausgabe des höheren Arbeitsethos. Dieser ist organisiert, verliert nie die Übersicht, verzettelt sich nicht in Diskussionen über Sinn und Zweck der Arbeit und verlässt den geordneten und gesäuberten Arbeitsplatz pünktlich um 22:00 Uhr. Geht doch.

Statt eines Epilogs:

Warum schreien Babys, wenn sie geboren werden?

... und kommen Sie mir ja nicht mit so einer langweiligen medizinischen Erklärung wie Lungenbläschen entfalten oder so ...

Weil sie die Narrenbühne der Welt betreten müssen.

(Sehr frei interpretiert nach »Lear« von William Shakespeare)

Anhang

Der Terminologie-Generator

Nehmen Sie ein beliebiges Wort aus der ersten Spalte und verknüpfen es – nach entsprechender orthographischer Korrektur – mit einem ebenso beliebigen Wort aus der zweiten bzw. dritten Spalte. Es stehen Ihnen nun 729 exakte wissenschaftliche Bezeichnungen für irgendein komisches Verhalten parat, welches Ihnen nicht so ganz in den Kram passt.

primär	neurotisch	Störung
biografisch	libidinös	Konflikt
post	dissoziative	Erkrankung
spontan	sexualisiertes	Problem
früh	komplizierte	Belastung
spät	alkoholassoziiert	Syndrom
grenzwertig	komplexe	Symptomkonstellation
initial	fokussierte	Verbitterung
sekundär	überwertig	Trauma

Hitliste der dümmsten Therapeutensprüche – und was sie in Wahrheit bedeuten

Platz 10: »Das braucht Zeit.«

Schon wieder so einer, der nicht kapiert, dass das Universum sich nicht nach seinen Bedürfnissen richtet. Da kann ich schon jetzt, nach der ersten Therapiestunde, den Verlängerungsantrag diktieren.

Platz 9: »Wozu ist das Problem da?«

Aus dem Munde des Therapeuten ist die Bedeutung dieses Satzes doch ganz klar: Wieso sollte ich mir die Mistprobleme der Patienten anhören? Die sollen doch selbst sehen, wie sie mit ihrem Partnerschafts-, Familien- und Arbeitsstress klarkommen. Schließlich bin ich schon genug damit beschäftigt, meine eigene Familie und in erster Linie mich selbst zu therapieren.

Platz 8: »Horchen Sie in sich hinein.«

Aber so richtig intensiv. Und wenn Sie in die Asche der abgefackelten Erinnerungen ordentlich hineinblasen, dann werden Sie schemenhaft die verzehrende Glut eines Missbrauchs erkennen. Mithilfe des Psychotraumatologen werden Sie dann ganz klar erkennen, dass Sie schon bei der Taufe vom Pfarrer unsittlich berührt wurden.

Presse informieren, outen, vor's Gericht ziehen, das ist die säkularisierte Trinität von heute.

Platz 7: »Gehen Sie achtsam mit sich um.«

Hören Sie CDs mit Entspannungsmusik, trinken Sie 1,5 bis 2 Liter Wasser täglich, essen Sie nicht nach 18.00 Uhr, und messen Sie dreimal täglich Ihren Blutdruck. Meditieren Sie zusätzlich.

Mit anderen Worten: Langweilen Sie Ihre Mitmenschen zu Tode. So gehen Sie achtsam mit sich um und werden ganz nebenbei ein Meister in der Formulierung dessen, was nicht geht, ein erhabener Deserteur der Anforderungen.

Platz 6: »Die Lösung zum Problem haben Sie bereits in sich.«

Oh, wie ist das schön. Ich brauche mir um meine Patienten keine weiteren Gedanken machen. Schwitzen dürfen die Kollegen in der Chirurgie, das ist nichts für mich. Der Patient wird schon selbst seinen Weg finden. Eine Umformulierung hier, ein bisschen Psycho-Bla-Bla da, und ich kann mich ganz meinen eigenen Fantasien hingeben. Wo soll's eigentlich in den nächsten Urlaub hingehen?

Platz 5: »Achten Sie auf Empfindungen von Druck, Spannung oder Ermüdung.«

Hier duftet der Weihrauch des Burn-outs. Dieser Satz wird vom Patienten der Luxusmedizin so gerne angenommen wie der Champagner zum Lachs-Blini.

Tenor: Nur ja kein Stress. Ziel ist der Arbeitsplatz als Wohlfühloase im Wolkenkuckucksheim der Psychoratgeber.

Platz 4: »Atmen Sie bitte weiter.«

Der intellektuelle Höhepunkt der therapeutischen Kreativität. Ja, was soll er schon anderes machen, der arme Patient. Die Luft anhalten, bis der vielgepriesene Schalter im Kopf durch akuten Sauerstoffmangel umgelegt wird?

Wenn solch tiefgründige Sätze fallen, hilft nur eins: Augen und Ohren fest verschließen und an die Kindheit denken, als Omi noch sagte: Und wenn du meinst, es geht nicht mehr, kommt von irgendwo ein Lichtlein her.

Und immer schön weiteratmen …

Platz 3: »Entspannen … Loslassen.«

Heißa, die Fantasiereise im Meditationsraum der Psychoklitsche kann endlich beginnen. Schön die Äuglein zumachen, die Horror-Szenarien der Ursprungsfamilie in den Rinnstein des Vergessens fließen lassen, und wenn die Regenwolken endlich einem blauen Himmel Platz gemacht haben, dann kommt Mr. Perfect und führt uns in die Harmonie von Rosamunde Pilcher.

Mit dem therapeutischen Geflöte von Entspannen und Loslassen kommen Sie in der Realität nicht allzu weit, denn diese ist, wie bekannt, fies, schmutzig und gemein. Wer nach der Entspannung aus der Sitzung zuhause den Briefkasten öffnet und Mahnungs- und Anwaltsschreiben sieht, der kann sich das Entspannen- und Loslass-Gefasel sonst wo implantieren. Denn dann heißt das Motto: Anspannen und Zupacken.

Platz 2: »Sie träumen und Sie assoziieren so schön.«

Baby, dein Outfit passt hervorragend zu der Feng-Shui-Einrichtung meiner Praxis. Und ich liebe deine pünktlichen Überweisungen für die Gesprächsziffern 801 und 861. Ich glaube, das ist der Beginn einer lebenslangen therapeutischen Beziehung.

Platz 1: »Nehmen Sie nur Patienten, die Ihnen guttun.«

Dieser Spruch ist der Gipfel des therapeutischen Theaters, deswegen werden Sie als Patient ihn auch nie zu hören bekommen. Ist doch ganz klar: Der komplizierte Therapeut mit dem noch komplizierteren Selbst braucht schließlich die intensivste therapeutische Zuwendung.

Oder: Andere halten Haustiere, Therapeuten bedienen sich aus der Solidargemeinschaft.

Anleitung zur Erfindung einer psychischen Erkrankung

Gedacht in erster Linie für Studierende der Psychologie:

Erster Schritt:

Suchen Sie an sich selbst oder Ihren Mitmenschen ein missliebiges Verhalten, beispielsweise das hysterische Rumzicken einer Kommilitonin.

Zweiter Schritt:

Basteln Sie mit einem jungen dynamischen Privatdozenten für Psychiatrie oder Psychologie einen psychologischen Test, der das unerwünschte Verhalten quantifiziert, skaliert oder in irgendeiner sonstigen Art und Weise einer (vermeintlichen) Objektivierung zugänglich macht.

Dritter Schritt:

Testen Sie in dem Einzugsgebiet Ihrer Uni möglichst viele Versuchspersonen auf dieses Merkmal.

Vierter Schritt:

Wenn Sie ganz clever sein wollen, finden Sie zum missliebigen Verhalten ein bildmorphologisches oder elektrophysiologisches Korrelat (funktionelles MRT, ereigniskorreliertes Potenzial). Dies suggeriert schon fast die gewünschte Faktizität der Erkrankung.

Fünfter Schritt:

Machen Sie aus dem Ganzen Ihre Doktorarbeit!

Sechster Schritt:

Ihr aufstrebender Privatdozent wird sicherlich für viele Publikationen in den einschlägigen Fachzeitschriften sorgen.

Siebter Schritt:

Nichts wird heute so gerne gelesen wie neueste Studien über psychische Erkrankungen, auch von profitgierigen Journalisten.

Achter Schritt:

Durch diese erfolgt die millionenfache Publikation in einschlägigen Gazetten wie Stern, Spiegel, Brigitte etc.

Neunter Schritt:

Ähnlich wie Ufos am Himmel werden zahlreiche Zeitgenossen nach der Lektüre dieses Merkmal an sich »entdecken« oder glauben, es zu entdecken.

Zehnter Schritt:

In den nächsten Jahren erfolgt die Aufnahme in das neueste psychiatrische Klassifikationssystem ICD-11 bzw. DSM-IV und kann somit endlich mit einer abrechenbaren Leistung in Verbindung treten.

Der Dank der Therapeutenszene ist Ihnen gewiss.

Literatur

Adam, Klaus-Uwe: Die Psyche der Deutschen, Patmos 2007

Aly, Götz: Unser Kampf, 1968, S. Fischer 2008

Caspary, Ralf: Alles Neuro?, Herder 2010

Collier, Paul: Gefährliche Wahl, Siedler 2009

Czollek, Leah Carola / Perko, Gudrun / Weinbach, Heike: Lehrbuch Gender und Queer, Juventa 2009

Debord, Guy: Die Gesellschaft des Spektakels, Edition Tiamat 1996

Degen, Rolf: Lexikon der Psychoirrtümer, Eichborn 2000

Drees, Alfred: Prismatisch-defokussierende Gespräche in der Psychiatrie, Papst Science Publishers 2004

Friedell, Egon: Kulturgeschichte der Neuzeit, C.H. Beck 2003

Fukuyama, Francis: Das Ende des Menschen, Deutscher Taschenbuchverlag 2004

Göttermann, Lilo (Hg.): Denkanstöße 2010, Piper 2009

Helmchen, Hanfried (Hg): Psychiater und Zeitgeist, Pabst 2008

Huber, Gerd: Psychiatrie, Schattauer 2005

Illouz, Eva: Die Errettung der modernen Seele, Suhrkamp 2009

Kettner, Matthias (Hg.): Wunscherfüllende Medizin, Campus 2009

Knabe, Hubertus: Honeckers Erben, Propyläen 2009

Lamprecht, Rolf: Die Lebenslüge der Juristen, DVA 2008

Leonhard, Wolfgang: Anmerkungen zu Stalin, Rowohlt 2009

Nolte, Paul: Riskante Moderne, C. H. Beck 2006

Onfray, Michel: Anti Freud, Knaus 2011

Overath, Angelika / Overath, Silvia / Koch, Manfred: Genies und ihre Geheimnisse, List 2007

Pfaller, Robert: Das schmutzige Heilige und die reine Vernunft, Fischer 2008

Priestland, David: Weltgeschichte des Kommunismus, Siedler 2009

Ross, Werner: Der ängstliche Adler – Friedrich Nietzsches Leben, DVA 1980

Schirrmacher, Frank: Minimum, Pantheon 2008

Sloterdijk, Peter: Sphären III, Suhrkamp 2004

Sloterdijk, Peter: Im Weltinnenraum des Kapitals, Suhrkamp 2005

Sloterdijk, Peter: Du musst Dein Leben ändern, Suhrkamp 2009

Sokál, Alan / Bricmont, Jean: Eleganter Unsinn, C. H. Beck 1999

Szasz, Thomas Stephen: Schizophrenie – Das heilige Symbol der Psychiatrie, Fischer 1982

Thome, Johannes: Molekulare Psychiatrie, Huber 2005

Vollmoeller, Wolfgang: Grenzwertige psychische Störungen, Thieme 2004